GOLDMANN
ARKANA

Buch

Freimaurer, Illuminaten, Tempelritter und Rosenkreuzer – das Phänomen der Geheimbünde oder Geheimgesellschaften übt seit langem eine ungeheure Faszination auf die Menschen aus. In ihrem neuen Buch berichtet Sylvia Browne, Amerikas berühmtestes Medium, vom verborgenen Wirken der Geheimgesellschaften und zeigt, welchen immensen Einfluss sie in der Vergangenheit hatten und auch heute noch haben. Dabei stützt sich die erfolgreiche Autorin nicht nur auf historische Quellen, sondern nutzt mit Hilfe ihrer Geistführerin Francine auch das Wissen aus der Geistigen Welt. Dadurch ist es ihr möglich, verblüffende Erkenntnisse zu präsentieren und eine mächtige Gruppierung vorzustellen, von der noch niemand gehört hat. Sylvia Browne nimmt uns in diesem spannenden Buch mit auf eine Reise in die Welt der Verschwörungen, Verschleierungen und Machtmanipulationen und zeigt, wie unser Leben davon Tag für Tag beeinflusst wird.

Autorin

Sylvia Browne wurde 1936 in Kansas City, Missouri, geboren. Der sterbende Bruder ihrer Mutter sagte vorher, dass sie »die Gabe« haben würde. Ihre Großmutter führte sie in die mediale Arbeit ein. Mittlerweile arbeitet Sylvia Browne seit nahezu 60 Jahren als Hellsichtige. Ihre einzigartige Begabung, mit der jenseitigen Welt zu kommunizieren, machte sie international bekannt. Sie hat zahlreiche Bestseller verfasst und tritt regelmäßig im US-Fernsehen auf.

Sylvia Browne

Geheimgesellschaften

Ihr Einfluss gestern und heute

Aus dem Englischen
von Rita Höner

GOLDMANN
ARKANA

Die englische Originalausgabe erschien 2007
unter dem Titel »Secret Societies«
bei Hay House UK Ltd., London.

FSC

Mix

Produktgruppe aus vorbildlich
bewirtschafteten Wäldern und
anderen kontrollierten Herkünften

Zert.-Nr. SGS-COC-1940
www.fsc.org
© 1996 Forest Stewardship Council

Verlagsgruppe Random House FSC-DEU-0100
Das für dieses Buch verwendete FSC-zertifizierte Papier
München Super liefert Mochenwangen.

1. Auflage
Deutsche Erstausgabe Januar 2008
© 2008 der deutschsprachigen Ausgabe
Arkana, München
in der Verlagsgruppe Random House GmbH
© 2007 Sylvia Browne
Umschlaggestaltung: Design Team München
Umschlagmotiv: Design Team München
Redaktion: Kathrin Heigl
SB · Herstellung: CZ
Satz: Greiner & Reichel, Köln
Druck und Bindung: GGP Media GmbH, Pößneck
Printed in Germany
ISBN: 978-3-442-21849-3

www.arkana-verlag.de

Für Ben Isenhower,
der mir half,
die Berge an Forschungsmaterial zu durchforsten,
das in dieses Buch eingegangen ist.

Inhalt

Einführung

Als ich vor ein paar Jahren für mein Buch *Die großen Geheimnisse und Rätsel der Welt* recherchierte, traf ich auf viele aufschlussreiche Erkenntnisse. Besonders neugierig wurde ich jedes Mal, wenn von »Geheimgesellschaften« und ihren zahllosen Einflüssen und Machenschaften die Rede war. Mich überraschte weniger, wie viele dieser Vereinigungen die menschliche Geschichte beeinflusst haben, sondern vielmehr die Tatsache, dass die Existenz dieser Gruppen den meisten Menschen auf der Welt völlig unbekannt ist. Außerdem erstaunte mich die Tatsache, dass selbst viele Mitglieder sehr wenig über das Innenleben und die geheimsten Pläne ihrer Organisation wissen.

Während der Recherchen zu dem Buch, das Sie gerade in den Händen halten, konnte ich kaum glauben, wie viel bereits über Geheimgesellschaften geschrieben wurde und wie wenig sie doch im Grunde verstanden werden. Ich begriff nach und nach, dass das daraus resultierte, dass sie so oft im Verborgenen agieren; denn wenn Ihnen und mir alle Informationen über diese Gruppen frei zugänglich wären, könnten sie nicht mehr in dem Tarnkappen-Modus agieren, der ihnen am liebsten ist, um ihre Pläne durchzuziehen. Aber was sind die Motive dieser verdeckt tätigen Vereinigungen?

Die meisten von uns kämen wohl zu dem logischen Schluss, dass diese Organisationen es nicht nötig hätten, sich so mysteriös zu verhalten, wenn ihre Ziele dem Wohl der Menschheit dienen würden. Tatsächlich hat schon das Wort *geheim* für uns einen negativen Beigeschmack. Es wird mit den Begriffen *okkult, mysteriös* und *unbekannt* assoziiert – und im Allgemeinen mit Lügen, Terrorismus und wer weiß welchen Verschwörungen noch gleichgesetzt. Außerdem lässt *geheim* an alle möglichen anderen »bösen Dinge« denken, etwa an Sekten, Vertuschungen von Seiten der Regierung oder verdeckte Operationen, Teufelsanbetung, Spionage und Geheimdienste und auf Geld und Macht versessene Syndikate, die auf die Weltherrschaft aus sind.

Mit anderen Worten: Die meisten von uns haben es nicht gern, wenn ihnen Dinge vorenthalten werden, und wenn wir feststellen, dass dies der Fall war, reagieren wir meist ziemlich aufgebracht. Wir neigen aber auch dazu, das Entdeckte dann entweder zu ignorieren oder ihm gegenüber gleichgültig zu werden – weit verbreitete menschliche Charakterzüge, von denen Regierungen und religiöse Organisationen jahrelang profitiert haben. Wie Sie sehen, führen fehlende Informationen zunächst zu Desinteresse und schließlich zur Akzeptanz ... das Einzige, was es dazu braucht, ist Zeit. Wie oft ist es zum Beispiel schon passiert, dass jemand rund um die Uhr in den Nachrichten präsent war, nur um ein paar Monate später in Vergessenheit geraten zu sein? Wir erleben dieses Phänomen ständig bei Personen des öffentlichen Lebens aus der Politik und der Unterhaltungsbranche. Auch das Doping im Sport ist ein gutes Beispiel: Zunächst sorgte das Thema für fette Schlagzeilen; inzwischen ist es auf die hinteren Seiten der Zeitungen verbannt, weil diejenigen, die das Sagen haben, es unter den Teppich kehrten.

Wer unsichtbar zu agieren versucht, hat weder das Verlangen nach Aufmerksamkeit noch möchte er, dass die Allgemeinheit von seinem Tun erfährt. Deshalb kann ein Buch wie Dan Browns *Sakrileg*, das sich mit verschiedenen Geheimgesellschaften auseinandersetzt, für solche Organisationen verheerend sein. Obwohl *Sakrileg* ein Roman (mit ein paar ziemlich guten Hintergrundrecherchen) ist, erlangte das Buch, da es sehr gut geschrieben ist, internationale Berühmtheit. Es wurde zu einer solchen Sensation, dass es die dort thematisierten Untergrundorganisationen in den Blickpunkt der Öffentlichkeit rückte. Mittlerweile sind diverse Sachbücher erschienen, die die Welt der Geheimgesellschaften unters Mikroskop gelegt und viele Wahrheiten ans Licht gebracht haben … und an dieser Stelle schalte ich mich ein.

Was Francine begann

Ganz augenscheinlich sind viele meiner Bücher aus der Arbeit hervorgegangen, die ich in über fünfzig Jahren als professionelles Medium, Lehrerin und Forscherin geleistet habe. (Meine Erkundungen haben sich auf zahlreiche Phasen des menschlichen Überlebens konzentriert, außerdem auf Prophezeiungen, die Religion und den Versuch, das wahre Wesen der Spiritualität aufzuzeigen.) Das gilt auch für *Geheimgesellschaften … und wie sie unser Leben heute beeinflussen* – die Mitglieder meines Studienzirkels und ich kamen vor rund 37 Jahren dank meiner Geistführerin Francine in aller Unschuld auf dieses Thema. Für diejenigen unter Ihnen, die es nicht wissen: Francine ist schon mein ganzes Leben lang bei mir. Ich kann sie zwar hören, ihr aber nicht lange am Stück zuhören, weil ihre ziemlich penetrant klingende Stimme schrill in mein rechtes Ohr hineinschreit. Deshalb versetze ich mich lieber in Trance und lasse sie *durch* mich sprechen, damit sie so meine Studiengruppe mit Informationen versorgt.

Wie dem auch sei, in einer bestimmten Sitzung fing Francine an, über das FBI unter der Herrschaft von J. Edgar Hoover zu reden und darüber, wie viel er unter Verschluss gehalten hat – was vorkam, wenn er jemanden mochte oder bestochen wurde –, und im Rahmen dessen kam sie auf Geheimgesellschaften zu sprechen. Obwohl wir diese Trancen damals schon für zukünftige Bezugnahmen aufzeichneten, datierten und archivierten, fragte ich mich, wie um alles in der Welt wir diese Informationen je nutzen könnten, denn sie kamen mir sehr weit hergeholt und sogar ein bisschen beunruhigend vor. Aber die Zeit hat uns gelehrt, dass das, was meine Geistführerin uns erzählte, tatsächlich einmal mehr den Nagel auf den Kopf getroffen hatte.

Francine machte beispielsweise ein paar sehr düstere Vorhersagen zur Politik, die sich, wie ich fürchte, gerade erfüllen. Bitte denken Sie daran, dass sie jene Informationen um 1970 übermittelte – lange bevor das Internet aufkam und in jedem Haushalt ein Computer stand –, und sie sagte voraus, die Nachrichtenübermittlung würde manipuliert und dahingehend beeinflusst werden, dass Menschen Bomben herstellen, über die Gesundheitsversorgung und das Transportwesen bestimmen und Kriege anzetteln könnten. Jemand aus unserer Studiengruppe fragte nach dem Grund dafür, und sie antwortete einfach: »Um die Kontrolle zu haben und um eine weltweite Herrschaft zu errichten.« Sie mahnte auch, dass das, was die USA zu bieten hätten, von anderen Ländern erreicht und vielleicht sogar übertroffen werden könnte. »Dann«, warnte sie, »wird es in der Tat zu einem Kampf darum kommen, wer auf der Erde die Macht bekommen wird.«

Nun, es sieht ganz danach aus, als würde das tatsächlich so eintreten; sehen Sie sich nur die Bereiche Handel und Technologie an, in denen immer mehr Nationen um globale Dominanz konkurrieren. Obwohl sie wahrscheinlich alle mit guten Absichten begonnen haben, hat die Tendenz zur Korruption in dem Maß zugenommen, in dem ihre Macht wuchs, weil die Regierungen mehr Geld und Arbeitskräfte mobilisieren konnten. Vom philanthropischen Anführer zum Tyrannen ist es manchmal nur ein kleiner Schritt; der zunehmende Wettbewerb um Ressourcen, Reichtum und Einfluss in der Welt kann ganze Regierungen in Gefahr bringen.

Francine prophezeite auch die so genannte Ölknappheit; sie sagte, wenn Angst, Terrorismus, Transportprobleme, wirtschaftliches Chaos, unnötige Kriege und die Vergeudung natürlicher Ressourcen die Leute nur klein genug machen würden, hätte man schnell eine willfährige, besiegte Nation. Und was wird aus Amerika derzeit?

Francine übermittelte vor fast vierzig Jahren nicht nur politisch brisantes Material, sie gab uns auch sehr viele Informationen, die später in Büchern wie *Sakrileg* und *Der Heilige Gral und seine Erben* auftauchten – und dies Jahre, bevor diese Werke erschienen. Nun fragen Sie sich vielleicht, warum ich dieses Wissen nicht schon damals weitergegeben habe; dazu kann ich nur sagen, dass ich einen ziemlich vollgestopften Terminkalender habe und tue, was ich kann. Es gab viele andere Prioritäten, die mir damals wichtiger schienen. Ich hatte sehr viel mit meinen spirituellen Kursen zu tun; ich tröstete Menschen, die wissen wollten, wie es nach dem Tod weitergeht; ich beriet Ratsuchende in allgemeinen Lebensfragen; ich schrieb Bücher und hielt Vorträge über Träume, Engel, das Jenseits, Gott … und so weiter und so fort. Das alles war für mich vorrangig, denn ich versuchte, so vielen Männern und Frauen wie möglich zu helfen … und nicht nur Informationen auszustreuen, deren Einfluss ich für begrenzt hielt.

Nachdem nun also zahlreiche Arbeiten über die Beziehung zwischen Jesus Christus und Maria Magdalena und damit auch über die Geheimgesellschaften erschienen sind, die im Besitz dieses vertraulichen Wissens waren, hielt ich den Zeitpunkt für gekommen, ein paar Dinge richtig zu stellen. Darüber hinaus wollte ich meinen Lesern Einblicke in das verschaffen, was diese okkulten Vereinigungen tun, wie sie funktionieren und auf welche Weise sie uns alle beeinflussen. Dazu werde ich Ihnen jede dieser Gruppen vorstellen. Ich hoffe, Sie werden sich Ihre eigene Meinung über sie bilden. Auf jeden Fall aber erhalten Sie einen überaus interessanten Einblick in menschliches Verhalten!

Was diese Organisationen gemeinsam haben

Viele historische Geheimgesellschaften begannen mit spirituellen Absichten und versuchten in der Folge, »rein« zu bleiben; andere dagegen wurden von einem brüderlichen Geist getragen oder wiesen nur lockere Verbindungen auf, bis sie schließlich zerfielen; wieder andere kamen zu Macht, Reichtum und politischem Einfluss. Gemeinsam war ihnen, dass der Zusammenschluss im Hinblick auf ein bestimmtes Anliegen erfolgte. Die Tragik liegt darin, dass viele dieser Organisationen mit den besten und edelsten Absichten begannen, davon aber letztendlich nur niedere Ziele wie Gier, Korruption und Kontrolle blieben.

Eine weitere Gemeinsamkeit ist das Ablegen von Eiden und das Androhen von Strafen für den Fall, dass diese gebrochen werden. Je nach Gruppe wird ein Eid in einer oder mehreren der folgenden Kategorien abgelegt. Da die Versprechen sich nach den speziellen Bedürfnissen der jeweiligen Gruppe richten, kann diese Zusammenfassung nur einen allgemeinen Überblick geben:

- **Eid der Geheimhaltung:** Die Mitglieder schwören nicht nur, alle Geheimnisse innerhalb der Gruppe zu belassen, sondern geloben oft auch, Geld oder andere persönliche Besitztümer abzugeben. Ein Bruch dieses Eids kann mit dem Tod oder der Exkommunikation geahndet werden.
- **Eid gegen Abspaltung:** Die Mitglieder versprechen, weder von den Lehren der Gruppe abzuweichen noch auf dem Fundament der Gruppe eine eigene Organisation zu gründen. Sie geloben außerdem, immer zum Wohl der Gesellschaft und nicht zu ihrem eigenen zu arbeiten.
- **Eid des absoluten Gehorsams:** Die Mitglieder schwören, den Regeln und Anordnungen der Gruppe unbedingt zu gehorchen. Sie müssen darüber hinaus dem Anführer oder Gründer ihre Ehrerbietung erweisen und oft (aber nicht immer) die Gesetze des Landes befolgen.
- **Eid der Ehrlichkeit:** Die Mitglieder schwören, nie eine Lüge über ein Gruppenmitglied oder die Gruppe zu verbreiten, und versprechen, in der Gruppe offen und ehrlich zu sein.
- **Eid der Unterstützung:** Die Mitglieder geloben, die Gruppe moralisch, spirituell und bisweilen auch finanziell zu unterstützen. Das kann so weit gehen, dass jede heimliche Tat, die der Gruppe schaden könnte, offengelegt werden muss.

Strafmaßnahmen

Die Strafen für einen Bruch dieser Eide oder anderer interner Regeln sind von Gruppe zu Gruppe verschieden; sie können von einem einfachen Klaps auf die Hand bis hin zu sehr harten Maßnahmen reichen. Die meisten Strafen beinhalten jedoch eine öffentliche Demütigung, wie die Exkommunikation und die Ausgrenzung durch die anderen Mitglieder, das Abziehen von einer Machtposition oder die Entziehung der Befehlsgewalt eines guten Freundes.

Einige der Strafen sind so alt und archaisch, dass sie nicht mehr vollzogen werden. So soll in den Büchern des in den USA beheimateten Freimaurerordens der Shriners (»Ancient Arabic Order of the Nobles of the Mystic Shrine« – »Alter arabischer Orden der Edlen vom mystischen Schrein«) eine disziplinarische Maßnahme existieren, die vorsieht, die Augäpfel zu durchstoßen und die Füße zu häuten (was allerdings nie bewiesen wurde). Im Extremfall kann die Bestrafung den Tod des Mitglieds und seiner Familie anordnen.

Sonstige Gemeinsamkeiten

Fast alle Geheimgesellschaften scheinen einer wie immer gearteten Gottheit oder »Durchlaucht« zu huldigen – das Spektrum reicht von Gott über die Glaubenssätze der Gruppe bis hin zu ihrem Gründer. In religiösen Organisationen beten viele Mitglieder oft auch darum, ihre Gelübde einhalten zu können.

Abgesehen von ihren besonderen Zielen enthalten die meisten okkulten Vereinigungen auch ein gewisses Maß an »Magie«. Ich spreche hier nicht von Hexen und Zauberern, sondern von Ritualen, die das Individuum in die Gruppe integrieren. So schreibt Alan Axelrod in *The International Encyclopedia of Secret Societies and Fraternal Orders:*

Jede Generation deutet die Magie aus ihrer eigenen Sichtweise heraus. Bei den ehedem für ihre religiöse Toleranz berühmten, politisch oft aber schwer bedrängten Römern wurde sie wie jedes andere politische Risiko behandelt und stand auf einer Stufe mit Vergiftung, Mord, Landesverrat und so weiter. Bei den Christen zur Zeit ihrer Expansion galt sie als religiöse Bedrohung. Alles, was nicht in die Norm der Welt hineinpasste, wie sie sein sollte, war »Magie«.

Sehr viele Untergrundorganisationen verwendeten so genannte magische, geheimnisumwobene Symbole; eigentlich waren sie bloße Hilfsmittel, um ein neues Mitglied durch Rituale und Gesänge, Zaubersprüche und Zeremonien zu ködern, bei denen Pentagramme, die Knochen eines Toten oder Ähnliches zum Einsatz kamen. Auf diese Weise wurde es auf die Aufnahme in die Gruppe vorbereitet.

∞

Obwohl einige heute noch existierende Geheimgesellschaften nach der Zeit Christi entstanden, sagt Francine, ähnliche Zusammenkünfte hätte es im alten Rom, in Ägypten, Persien, Griechenland und an allen möglichen anderen Orten gegeben, an denen Menschen das Gefühl hatten, nicht so leben oder beten zu dürfen, wie sie wollten. Wenn im Hinblick auf Geheimgesellschaften eines sicher ist, dann, dass es nicht *eine* absolute Wahrheit gibt, denn die Ziele dieser Gruppen sind sehr unterschiedlich. Aber egal ob sie politisch, religiös bzw. mystisch, brüderlich oder kriminell motiviert sind – alle scheinen Wert darauf zu legen, der Öffentlichkeit gewisse Informationen vorzuenthalten – entweder aus Angst, weil sie sich schützen wollen oder weil sie sich irgendeiner Sache oder Absicht verschrieben haben, die ihrer Meinung nach die Lebensqualität der Menschheit verbessert.

Manchmal führt das Bewahren von Geheimnissen oder die Zugehörigkeit zu einer geheimen Gesellschaft dazu, dass sich ein Mitglied als etwas Besonderes fühlt, da es Teil einer Sache ist, von der die meisten Menschen nichts wissen. Ein näherer Blick auf diese Organisationen zeigt auch, dass viele von ihnen ihre Wahrheit unter dem Deckmantel der Kunst nach außen getragen haben. In ihren Kunstwerken versteckten sie Hinweise auf genau die Geheimnisse, die sie schützen wollten. Darüber hinaus werde ich Ihnen darlegen, was ich von den einzelnen Gruppen halte und welche Informationen Francine mir in den Trancen zur Erforschung der Geheimgesellschaften über die Jahre mitgeteilt hat.

Das Sprichwort sagt, wenn der Schüler bereit ist, erscheint der Meister. Als Ihr Lehrmeister bei einem faszinierenden Thema habe ich mich nach Kräften bemüht, das, was ich auf den folgenden Seiten offenlege, unvoreingenommen und möglichst vorurteilsfrei darzustellen. Aber glauben Sie mir: Es ist *wahr*.

Politik kontra Religion

Fast alle Geheimgesellschaften lassen sich durch gründliche Recherchen aufspüren, auch wenn die Informationslage von Fall zu Fall variiert und davon abhängt, wie geheim sie de facto sind. Richtig ist, dass heute nicht mehr so viele dieser Organisationen existieren wie in vergangenen Jahrhunderten und dass sie in manchen historischen Epochen verbreiteter waren als in anderen. Das mag am gegenwärtigen Zustand der Welt und an unseren Alltagserfahrungen liegen, denn je schwieriger das Leben ist und je weniger Freiheiten die Menschen haben, desto üppiger scheinen geheime Gruppen zu gedeihen.

Wie Sie feststellen werden, haben einige der mächtigsten Gruppen überlebt, während Hunderte anderer sich auflösten oder einfach verschwanden. Das geschah meist, weil das Thema, für das die Gruppe kämpfte, nur kurze Zeit aktuell war; wenn die Zeit vorbei war, löste sich die Vereinigung auf. Oder der Anführer starb, und die anderen verloren das Interesse.

Einige Geheimgesellschaften entstanden wie gesagt vor

Christi Geburt, die meisten allerdings im Mittelalter, und zwar vor allem diejenigen mit mystischer oder religiöser Ausrichtung. Viele dieser Gruppen, die den Glauben zu ihrer Grundlage machten, ergaben sich durch die Kreuzzüge und die unnachgiebige Haltung der katholischen Kirche, die mit der Wahrheit über Geburt und Tod Christi und der Tatsache, dass er die Kreuzigung überlebt hatte, hinterm Berg hielt. Wie Sie sehen, verfolgen Religionen ihre eigenen Ziele, und wehe dem, der ihnen im Weg steht. Das alte Sprichwort, dass man andere nicht nach dem beurteilen sollte, was sie sagen, sondern nach dem, was sie tun, gilt hier voll und ganz. Anders formuliert: Wenn Religionsführer »Liebe deinen Nächsten wie dich selbst« verkünden, dann aber selbst morden oder gegen ebendiesen Nächsten Gräueltaten begehen, um ihre eigenen Ziele durchzusetzen, tun sie sicher kein Gotteswerk.

Aus all dem ergibt sich, was im Untergrund arbeitende Vereinigungen unter Verschluss gehalten haben: entweder Geheimnisse, die mit religiösen Dogmen zu tun haben, oder solche, die mit Macht und Geld in Verbindung stehen. (Anders als religiöse Organisationen existieren die meisten politischen Vereinigungen erst seit dem letzten Jahrhundert, was an dem zunehmenden Einfluss der Globalisierung auf die Regierungen liegt.) Früher waren Kirche und Staat verbunden und arbeiteten gemeinsam daran, das ungebildete Volk zu beherrschen. Dann schienen sie sich zu trennen … aber taten sie das wirklich? Obwohl heute viele Geheimbünde in den politischen *oder* den religiösen Bereich fallen, gibt es auch zahlreiche,

die sich auf beiden Schauplätzen tummeln. Die Freimaurerei zum Beispiel ist eine brüderliche Organisation, die
großen Einfluss im politischen Bereich hat, aber auch
viele religiöse Charakteristika besitzt.

In diesem Buch führe ich aus, dass viele dieser Gesellschaften ähnliche Ziele verfolgen. Das geht so weit, dass
Fachleute glauben, einige von ihnen würden von Zeit zu
Zeit ihre Kräfte bündeln, um ihre Ziele voranzubringen.
Ich zeige auch, dass viele Gesellschaften entweder unter verschiedenen Namen auftraten oder ihren Namen
änderten, um nicht entdeckt oder verfolgt zu werden.
(Namensänderungen bedeuten im Grunde nicht viel, es
sei denn für die Gruppe, die versucht zu überleben und
ihre Geheimnisse zu bewahren.) Oft streuten sie falsche
Informationen, um ihre Spuren zu verwischen, oder sie
warfen zumindest Nebelkerzen, die ihre Aktivitäten verschleiern sollten. Viele dieser geheimen Gruppen werden auch mit Verschwörungstheorien und Aktionen in
Zusammenhang gebracht, die langfristig ihren speziellen
Absichten zu dienen scheinen.

Je intensiver man Geheimgesellschaften untersucht,
desto klarer wird, dass sie im Kleinen alle miteinander
verbunden sind, so ähnlich wie Finger derselben Hand.
Trotzdem habe ich beschlossen, das Buch in drei Teile zu
gliedern. Obwohl es zwischen den Gruppen einige Überschneidungen gibt, behandle ich den politischen (Teil I)
und religiösen (Teil II) Bereich jeweils getrennt. In Teil
III nehme ich die dunkle Seite der ganzen Geheimniskrämerei unter die Lupe und zeige auf, wie Regierungen,

Religionen und Untergrundorganisationen jahrhundertelang Angst und Einschüchterung eingesetzt haben, da sich mit diesen Methoden sehr effizient arbeiten lässt.

Es gibt Hunderte von geheimen Gruppen, und ich könnte sie niemals alle in einem Buch abhandeln. Deshalb habe ich mich auf die konzentriert, die entweder im Blickpunkt der Öffentlichkeit stehen oder einen bedeutenden Einfluss auf die Gesellschaft nehmen könnten. (Weil zu den einzelnen Organisationen unterschiedlich viel Informationsmaterial zur Verfügung steht, sind einige Kapitel länger als andere.)

Der Blick unter diese gut geschützten »Findlinge mit Drusencharakter« sollte Ihnen keine Angst machen, denn Wissen ist Macht. Willkommen also in der Welt der Geheimbünde – finden Sie heraus, was diese seit langer Zeit unbedingt im Verborgenen belassen wollen.

Teil I

Politische Gesellschaften

Kapitel I

Skull and Bones

Der Schriftsteller Antony Sutton bezeichnete diese berühmte Organisation als »Amerikas heimliches Establishment«, aber sie ist auch als »die Bruderschaft des Todes«, »der Orden« oder schlicht »Knochen« bekannt.

Skull and Bones (englisch für »Schädel und Knochen«) ist seit mehr als 150 Jahren an der Yale University aktiv. Die Vereinigung wird auch als »Loge 322« bezeichnet, und manche glauben, sie sei der Ableger einer deutschen Studentenverbindung. Angeblich hatte die Gruppe einst faschistische und kommunistische Tendenzen und vertrat die Hegelsche Philosophie vom »Dienst am Staat«. Viele Verschwörungstheoretiker glauben auch, sie wäre die berüchtigte »Thulegesellschaft« (deren Mitglieder später die nationalsozialistische Partei gründeten) und besäße Verbindungen zu den Illuminati (die ich in Kapitel 11 erörtern werde).

Der amerikanische Zweig dieser Gruppe wurde offenbar 1832 an der Yale University von William Russell, dem Klassenbesten und Abschiedsredner des Jahrgangs, und seinem Kommilitonen Alphonso Taft gegründet. William war der Vetter von Samuel Russell, der sein Vermögen damit verdiente, dass er Opium nach China schmuggelte.

Während seiner zwei Studienjahre in Deutschland schloss er angeblich enge Freundschaft mit dem Anführer eines geheimen deutschen Studentenbundes. Offensichtlich war er so begeistert, dass er die Erlaubnis erhielt, in Amerika einen Ableger zu gründen.

Später wurde William Russell Gesetzgeber im Staat Connecticut und Militärgeneral. Sein Partner Alphonso Taft avancierte zum Justizminister der Vereinigten Staaten, zum Kriegsminister und zum Botschafter in Österreich-Ungarn und Russland. Alphonso war auch der Vater von William Howard Taft, der als einzige Person sowohl Oberster Bundesrichter als auch Präsident der Vereinigten Staaten war.

Soweit ich durch meine Recherchen herausfinden konnte, ist die Loge in Yale die einzige in Amerika, obwohl manche sagen, es gäbe auch eine an der Virginia Commonwealth University in Richmond. Ihre Mitglieder werden als »Bonesmen« (»Knochenmänner«), »Knights of Eulogia« (»Ritter der Eulogie«) und »Boodle Boys« bezeichnet, Spitznamen, wie sie für Studentenverbindungen am College typisch sind … jedoch scheint diese Gruppe den Rahmen einer normalen Studentenverbindung zu sprengen.

Vom Klaps auf die Schulter zum Präsidenten?

Die Identität der Personen, die zu Skull and Bones gehören, ist inzwischen offenbar geheim, aber bis 1970 veröffentlichte die Gruppe Mitgliederlisten (die in der Bibliothek von Yale aufbewahrt wurden). Erst danach wurde die Mitgliedschaft geheim gehalten. Im Lauf der Jahre kam es aber zu verschiedenen undichten Stellen – eine war die Folge eines Einbruchs, eine weitere wurde von einem verärgerten Mitglied verursacht, welches Antony Sutton Mitte der 1980er Jahre eine Liste mit Bones-Mitstreitern übergab. Die Liste liest sich wie ein Who's Who der Ostküstensociety, sie enthält Namen aus alten, wohlhabenden und mächtigen Familien, die tief in die Politik, das Bankenwesen, den Handel, die Industrie und so weiter verstrickt sind. Zum Beispiel waren drei Präsidenten der Vereinigten Staaten (der bereits erwähnte Taft, außerdem George H. W. Bush und George W. Bush) »Knochenmänner«; der jüngere Präsident Bush soll in seiner ersten Amtszeit elf seiner alten »Verbindungsbrüder« in seine Regierung berufen haben.

Der Einweihungsprozess funktioniert in der Weise, dass einige »Juniors« – das sind die Studierenden im dritten Jahr – gegen Ende des Schuljahres von den »Seniors« – den Studierenden im letzten Jahr – einen Klaps auf die Schulter oder eine andere Stelle des Körpers bekommen, der die Erlaubnis gibt, sich der nur ihnen vorbehaltenen Vereinigung anzuschließen. Jedes Jahr werden so rund 15 neue Mitglieder ausgewählt. Obwohl potenzielle Kandidaten die Mitgliedschaft ablehnen können, gilt es als große Ehre, diesen Klaps zu bekommen.

Bis 1992 konnten nur Männer ausgewählt werden; durch ein geheimes Referendum existierender Mitglieder (bei dem es angeblich hoch herging) lässt die Gruppe jetzt auch Frauen zu. Um als Kandidat in Frage zu kommen, ist es hilfreich, aus einer Bones-Familie zu stammen; Zugang zu Reichtum und Macht zu haben und energisch, aktiv, politisch interessiert und einfallsreich zu sein. Damit jemand in Yale überhaupt zugelassen wird, muss er hervorragende Studienleistungen vorweisen oder eine einflussreiche Familie im Rücken haben, was bedeutet, dass der Orden seine Auslese unter einigen der Besten Amerikas treffen kann.

Als ausschließlich den Studierenden des letzten Studienjahres vorbehaltene Vereinigung kann man grundsätzlich davon ausgehen, dass die Agenda von Skull and Bones wahrscheinlich eher Ziele in der Außenwelt verfolgt als in Yale oder innerhalb der studentischen »Brüderlichkeit«. In dieser Hinsicht ist die Gruppe für Verschwörungstheoretiker ein gefundenes Fressen; sie bringen sie mit einer ganzen Reihe anderer politischer Geheimorganisationen in Verbindung, etwa der Trilateralen Kommission, dem Council on Foreign Relations, der Bilderberg-Gruppe und den Illuminati (die alle in diesem Buch erörtert werden).

Skull and Bones ist Eigentümer von zwei Immobilien: einem Gebäude auf dem Yale-Campus, genannt »the Tomb« (»die Gruft«), das, anders als der Name vermuten lässt, ziemlich groß ist und Deer Island, einem nicht öffentlichen Rückzugsort im St. Lawrence River. Beide Orte stehen natürlich ausschließlich dem Orden zur Verfügung. Obwohl die »Gruft« keine Außenfenster hat und ihre Wände aus Beton sind, gliedert sie sich angeblich in zahlreiche Räume (einschließlich mehrerer Schlafzimmer). Einige Personen, die in ihrem Inneren waren, sagen, es gäbe einen Raum, der William H. Taft und seiner Präsidentschaft gewidmet ist und beinahe wie ein Heiligtum anmutet. Außerdem behauptet ein Mitglied einer Gruppe von Yale-Studentinnen, die von einem »Dissidenten«-Mitglied zu einer Besichtigungstour eingeladen worden waren, in einem Augenzeugenbericht über das Innere der »Gruft«, es gebe einen weiteren Raum, der offenbar dem Nazi-Regime in Deutschland vorbehalten ist und ziemlich viele »Memorabilien« enthält. Die Zeugin soll Folgendes geäußert haben:

»Es gab dort jede Menge Räume, eine ganze Kette. Darunter waren ein paar Schlafzimmer, außerdem ein gewaltiger Speisesaal mit verschiedenen Rollen, die mit Skull-and-Bones-Liedern beschriftet waren und von der Decke hingen. Und es gab einen Präsident-Taft-Erinnerungsraum voll von Broschüren, Postern, Buttons – der ganze Raum erinnerte an ein Miss-Havisham-Heiligtum[*]. Und da war ein großes Wohnzimmer mit einem wunderschönen Teppich und eine riesige, teuer aussehende Elfenbeinschnitzerei in der Diele. Das Ganze wirkte ziemlich mittelalterlich. Das Schockierendste – und meiner Meinung auch Bedeutsamste – angesichts der Tatsache, dass Präsident Bush wie jeder weiß, auch Skull and Bones

---

[*] Miss Havisham: Alte und reiche, aber etwas seltsame Dame aus Charles Dickens' Roman *Große Erwartungen*. (A. d. Ü.)

angehört – gibt es da drinnen so etwas wie ein kleines Nazi-Heiligtum. Ein Raum im zweiten Stock enthielt einen Haufen Hakenkreuze, so wie eine SS-Macho-Nazi-Ikonographie. Jemand sollte Präsident Bush nach den Hakenkreuzen da drin fragen. Na ja, ich glaube nicht, dass er sagen wird, es gäbe sie nicht. Ich glaube, er wird antworten: »Ach, das war keine große Sache, es war nur ein kleiner Raum.« Was meines Erachtens nicht zutrifft und mich auch nicht besonders beruhigt. Aber ich glaube nicht, dass er es rundweg abstreitet, es ist nämlich wahr. Also ich glaube, das Nazi-Zeug war genauso wenig ernst zu nehmen wie die ganzen Knochen, die da herumlagen, aber ein bisschen befremdlich finde ich es trotzdem.«

Wer dem Orden beitritt, muss sich angeblich nackt in einen Sarg legen und den anderen Kandidaten von seinen sexuellen Erfahrungen berichten – ob das nur eine harmlose Einweihung ist oder zum Zwecke der Erpressung geschieht, weiß niemand genau. Die Beitretenden erhalten außerdem einen Namen, den sie für den Rest ihres Lebens tragen. Der Name des jüngeren Präsidenten Bush zum Beispiel lautet »Temporary« (»Vorübergehend«) – machen Sie mit dieser Information, was Sie wollen.

Neben den genannten Präsidenten gehörten mindestens 28 US-Senatoren oder Kongressabgeordnete dem Orden an, unter anderem James Buckley, Prescott Bush, John Chaffee, Thomas Ashley, Jonathan Bingham, David Boren, Thruston Morton, Robert Taft und John Kerry. Verschiedene andere »Bonesmen« dienten als Kabinettsmitglieder in verschiedenen Regierungen (etwa William

A. Harriman), und die meisten von uns wissen von George H. W. Bushs Tätigkeit bei der CIA.

Hier die Namen einiger der alteingesessenen amerikanischen Familien, die durch die Mitgliedschaft von einem oder mehreren ihrer Abkömmlinge Verbindungen zum Orden haben: Whitney, Perkins, Stimson, Taft, Gilman, Wadsworth, Payne, Davidson, Pillsbury, Sloane, Weyerhaeuser, Harriman, Rockefeller, Lord, Brown, Bundy, Bush und Phelps. Ja, das sind genau die Namen, die Sie als weltweit vertretene Handelsmarken kennen, deren Träger an der Spitze riesiger Unternehmen im Bankwesen oder in der Industrie stehen oder Führungsgestalten in der Politarena sind. Wie Sie sehen, kann die Mitgliedschaft in diesem Klub die Tuchfühlung mit der globalen Elite bedeuten.

Skull and Bones ist ein Geheimbund, daher legen die Mitglieder den Eid ab, dass sie nichts über die Gesellschaft oder ihre Zugehörigkeit zu ihr öffentlich machen werden. Zum Beispiel lehnten sowohl George W. Bush als auch John Kerry es vor ein paar Jahren ab, sich in Interviews über den Orden zu äußern, und nur sehr wenige erwähnen ihn, wenn sie biographische Angaben über die beiden machen. Da die Gruppe nur ungefähr 15 Mitglieder pro Jahr aufnimmt, beläuft sie sich zu jedem gegebenen Zeitpunkt auf vielleicht 500 bis 600 Personen. Die meisten Experten gehen davon aus, dass etwa ein Drittel von ihnen aktiv für die Gruppe arbeitet. Viele setzen auch als gegeben voraus, dass diese aktiven Mitglieder eng in die Politik und in die Großindustrie eingebunden sind – einige sollen sogar in den Drogen-handel und verschiedene Skandale verstrickt sein, etwa die Iran-Contra-Affäre, Watergate, die Ermordung John F. Kennedys und schmutzige Geschäfte mit China und der ehemaligen Sowjetunion.

Egal ob Sie Skull and Bones als mächtigen Geheim-bund oder nur als typische Studentenverbindung anse-hen – Fakt ist, dass ihre Mitglieder extrem einflussreiche Personen sind, die überall auf der Welt ihre Finger im Spiel hatten. Wenn Sie mehr über den Orden lesen möch-ten, empfehle ich zur Lektüre:

• *Bruderschaft des Todes. Skull & Bones, der Geheim-orden hinter George W. Bush,* von Alexandra Robbins.

Kapitel 2
Der Council on Foreign Relations

Der Council on Foreign Relations (CFR, »Rat für Auswärtige Beziehungen«), den manche Leute als Denkfabrik betrachten, sieht seine Aufgabe darin, »das Verständnis Amerikas für die Welt zu verbessern und Ideen zur Außenpolitik der Vereinigten Staaten beizutragen. Der Rat erreicht dies in erster Linie durch die Förderung konstruktiver, nicht öffentlicher Debatten und Diskussionen, die Abklärung globaler Fragen und die Veröffentlichung von *Foreign Affairs*« [einer Zeitschrift] (siehe die CFR-Webseite www.cfr.org). Obwohl diese Aussage eher unverfänglich anmutet, ist die Ansicht weit verbreitet, dass der CFR die vielleicht mächtigste private Organisation ist, die Einfluss auf die US-Außenpolitik nimmt. Außerdem soll er daran beteiligt sein, eine »neue Weltordnung« anzustreben (ein Konzept, das ich in Kapitel 12 erläutern werde).

Dr. Carroll Quigley (der als Professor an der Georgetown University Lehrer von Präsident Clinton war) behauptet in seinem Buch *The Anglo-American Establishment,* der Gold- und Diamantenmagnat Cecil Rhodes hätte 1891 eine geheime Gesellschaft mit dem Namen »Society of the Elect« (»Gesellschaft der Auserwählten«)

gegründet, um, in Rhodes' Worten, »den Reichtum zu absorbieren [und] die Regierung der ganzen Welt zu übernehmen«. Rhodes' Geheimbund bestand aus einem inneren »Kreis von Eingeweihten«, ergänzt von einer größeren Anzahl an Helfern, die »Diskussionsrunden« bildeten. Diese Gruppen – sowie Mitglieder der Fabian Society und eine Gruppe namens »The Inquiry«, die von Oberst Edward House, dem Chefberater von Präsident Woodrow Wilson, ins Leben gerufen worden war – gründeten das Royal Institute of International Affairs (»Königliches Institut für internationale Angelegenheiten«) sowie 1921 seinen amerikanischen Ableger, den CFR. Sowohl das CFR-Mitglied Arthur Schlesinger jr. (in seinem Buch *Die tausend Tage Kennedys*) als auch Professor Quigley (in seinem Buch *Tragödie und Hoffnung)* haben den CFR als die »Front« der Machtelite bezeichnet.

Quigley hat immer behauptet, Rhodes' Stipendien wären lediglich eine Fassade zur Tarnung von Rhodes' Geheimbund und würden ein Übungsfeld für die Stipendiaten schaffen, die so die notwendigen Fertigkeiten für die Durchsetzung von Rhodes' höchstem Ziel erwerben sollten: der Weltherrschaft. Dies könnte tatsächlich stimmen; denn viele von Rhodes' Stipendiaten – unter anderem Walt Rostow, Dean Rusk, Richard Gardner, Harlan Cleveland, J. William Fulbright, George Stephanopoulos, Robert Reich, Ira Magaziner, James Woolsey und Bill Clinton – bekleideten in der Folge hohe Positionen in der amerikanischen Regierung. Nun kann man natürlich Quigleys Glaubwürdigkeit anzweifeln, aber die

Washington Post hielt seine Informationen, die er sich aus »Geheimakten« beschaffte, offenbar für stichhaltig, denn 1975 veröffentlichte die Zeitung einen Artikel über ihn, der den Titel »The Professor Who Knew Too Much« (»Der Professor, der zu viel wusste«) trug.

Meine Recherchen haben ergeben, dass Cecil Rhodes' Verschwörung um 1960 herum endete – weil sie nicht länger vonnöten war. Inzwischen waren nämlich in der Politik, in der Wirtschaft, im Bildungswesen und im Journalismus genügend »Globalisten« (Befürworter einer Weltregierung) vertreten, um die Machtelite in ihrem Streben nach einer Neuen Weltordnung bei Laune zu halten.

Teil dieser Entwicklung war auch ein von William C. Whitney (einem früheren Skull-and-Bones-Mitglied) und anderen in Gang gebrachter Plan, mit Hilfe finanzieller Zuwendungen die Herrschaft über die politischen Parteien Amerikas zu übernehmen. Die ursprüngliche Idee bestand darin, dass die großen Parteien sich beim Regieren abwechseln sollten, um die Öffentlichkeit in dem Glauben zu lassen, sie würde am Wahltag tatsächlich entscheiden. Dies führte dazu, dass sich die Machtelite beider Parteien zur politischen Mitte hin entwickelte und Demokraten und Republikaner einen fast identischen Charakter annahmen. Große Änderungen in der Politik würden daher selbst dann nicht eintreten, wenn das amerikanische Volk bei jeder Wahl »die Schurken rauswarf«.

Es ist erstaunlich zu sehen, wie viele Regierungsmitglieder und Personen aus dem Bildungswesen, dem Militär, der Industrie und den Medien Verbindungen zu Skull and Bones, dem CFR, den Rhodes-Stipendien und der Trilateralen Kommission (die ich im nächsten Kapitel erörtern werde) haben. All diese Gruppen scheinen ein globalistisches Ziel zu haben, und es sieht ganz danach aus, als hätten sie ihre Leute an den richtigen Stellen, um diese Agenda voranzutreiben. Auf der CFR-Mitgliederliste stehen derzeitige und ehemalige US-Präsidenten, Botschafter, Minister, Wall-Street-Investoren, Banker, Stiftungsvorsitzende, Denkfabriklenker, Rechtsberater von Lobbys, Militäroffiziere, Industrielle, Medienbesitzer und -manager, Universitätsrektoren und wichtige Professoren, ausgewählte Kongressmitglieder, Richter am Obersten Gerichtshof, Bundesrichter und reiche Unternehmer. Es sieht so aus, als hätten sie ihre Stützpunkte ziemlich gut besetzt, nicht zuletzt dadurch, dass auch viele Personen in ausländischen Regierungen und andere Staatsoberhäupter durch Schwesterorganisationen (wie das zuvor erwähnte Royal Institute of International Affairs) mit dem CFR verbunden sind.

Es existiert auch die Auffassung, der CFR sei eigentlich keine Geheimgesellschaft, da er einen Jahresbericht veröffentlicht, eine Zeitschrift publiziert und eine einsehbare Mitgliederliste führt. Das ist alles richtig ... andererseits aber macht es der CFR seinen Mitgliedern zur Bedingung, nichts von dem, was während der Zusammenkünfte geschieht oder diskutiert wird, nach außen zu tragen. Es finden regelmäßige vertrauliche Versammlungen statt, darüber hinaus wird von Zeit zu Zeit eine öffentliche Konferenz abgehalten und die Presse eingeladen, um den Eindruck zu erwecken, der CFR sei nur eine harmlose Gruppe, die das Ziel verfolgt, sich für Amerika einzusetzen.

Es folgt eine Liste einiger der namhafteren CFR-Mitglieder in alphabetischer Reihenfolge sowie ihre Rolle in der amerikanischen Machtelite zum Zeitpunkt meiner Ausführungen:

- Richard V. Allen (Ex-Berater für nationale Sicherheit)
- John Bolton (Ex-Botschafter bei den Vereinten Nationen)
- William F. Buckley, Jr. (Gründer des *National Review*)
- George H. W. Bush (Ex-Präsident und CIA-Direktor)
- Jimmy Carter (Ex-Präsident)
- Dick Cheney (derzeitiger Vizepräsident)
- Bill Clinton (Ex-Präsident; derzeitiges Mitglied der Trilateralen Kommission und der Bilderberg-Gruppe)
- John Edwards (Ex-Senator von North-Carolina)
- Dwight D. Eisenhower (Ex-Präsident)
- Anne Garrels (derzeitige Korrespondentin für das National Public Radio)
- Timothy F. Geithner (derzeitiger Präsident der US-Notenbank)
- Newt Gingrich (Ex-Sprecher des Repräsentantenhauses)
- Alan Greenspan (Ex-Vorstandsvorsitzender der US-Notenbank)

- Katherine Harris (Ex-Abgeordnete von Florida)
- Herbert Hoover (Ex-Präsident)
- Jack Kemp (Ex-Abgeordneter von New York)
- John Kerry (derzeitiger Senator von Massachusetts)
- Henry Kissinger (Ex-Berater für nationale Sicherheit und Außenminister; derzeitiges Mitglied der Trilateralen Kommission und der Bilderberg-Gruppe)
- Lyman Lemnitzer (Ex-Vorsitzender des Vereinten Generalstabs der US-Armee)
- Robert S. McNamara (Ex-Verteidigungsminister und Ex-Präsident der Weltbank)
- Richard Nixon (Ex-Präsident)
- Colin Powell (Ex-Außenminister)
- Dan Rather (Ex-Anchorman der CBS Evening News)
- Condoleezza Rice (derzeitige Außenministerin; Ex-Beraterin für nationale Sicherheit)
- David Rockefeller (Ex-Vorsitzender der Trilateralen Kommission und Mitglied der Bilderberg-Gruppe)
- Donald Rumsfeld (Ex-Verteidigungsminister)
- Paul Wolfowitz (Ex-Vizeaußenminister; derzeitiger Präsident der Weltbank).

In dieser Reihe könnten noch viele weitere Personen erwähnt werden, aber ich wollte Ihnen lediglich zeigen, wie viel Macht, Reichtum und Einfluss mit einer CFR-Mitgliedschaft verbunden sind, vor allem wenn Sie berücksichtigen, dass einige dieser Männer und Frauen auch zu Skull and Bones, der Trilateralen Kommission und der Bilderberg-Gruppe gehören. Manche werden behaupten, diese Führungspersönlichkeiten Amerikas wären einfach bloß gute Freunde, die zufällig denselben Organisationen angehören; allerdings sehe ich nicht, dass sie alle auch Mitglied beim Christlichen Verein junger Männer sind. Verstehen Sie, worauf ich hinauswill? Ich habe die Erfahrung gemacht, dass da, wo Rauch ist, auch Feuer ist … und deshalb verwundert es auch nicht, dass Verschwörungstheoretiker dieses lodernde Inferno lauthals hinausposaunen.

Genau genommen hat niemand anderer als der berühmte Schriftsteller H. G. Wells diese Geheimgesellschaft und ihre Absichten entlarvt. Wells war selbst Mitglied der Fabian Society (einer britischen sozialistischen intellektuellen Bewegung), die er abrupt verließ, als sie ihre Ziele (denen er zustimmte) nicht öffentlich machen wollte. Wells schrieb mehrere Bücher, in denen er das umriss, was er »die offene Verschwörung« nannte, unter anderem *New Worlds for Old*, *Die offene Verschwörung: Aufruf zur Weltrevolution* und *The New World Order*. All diese Titel empfehle ich Ihnen zur Lektüre.

∽◦∾

Kapitel 3
Die Trilaterale Kommission

Wenn man über moderne politische Geheimorganisationen spricht, kommt fast jedem Verschwörungstheoretiker ein Name über die Lippen: David Rockefeller. Und jetzt raten Sie, wessen geistiges Kind die Trilaterale Kommission (TK) ist. Ja, genau.

Mr. Rockefeller war im Juni 2007 92 Jahre alt, auf der Liste der reichsten Menschen der Welt steht er Berichten zufolge an 215. Stelle. Er war intensiv in den Council on Foreign Relations (CFR) und die Bilderberg-Gruppe (BG) involviert und gründete die TK 1973 zusammen mit Henry Kissinger und dem ehemaligen Sicherheitsberater Zbigniew Brzezinski. Die geheime Organisation besteht aus etwa 300 bis 350 Privatpersonen aus Europa, dem pazifischen Asien (Asien und Ozeanien) und Nordamerika, deren angebliches Ziel es ist, eine engere Zusammenarbeit zwischen diesen drei Weltregionen herzustellen.

Bill Clinton, George H. W. Bush, Jimmy Carter, Dick Cheney und Senatorin Dianne Feinstein waren oder sind Mitglieder der TK; sie gehören fast alle auch dem CFR an. Ich kann hier unmöglich sämtliche prominenten Mitglieder auflisten, deshalb möge es genügen, wenn ich sage, dass die Mitglieder der TK viel Macht und Einfluss in ihrer Organisation versammeln. Um das zu veranschaulichen, brauchen wir uns nur die Wahl von Jimmy Carter zum Präsidenten der Vereinigten Staaten anzusehen.

Rund sieben Monate vor dem Nominierungsparteitag der Demokraten ergab eine Gallup-Umfrage, dass weniger als 4 Prozent der Demokraten Mr. Carter als Präsidenten unterstützten … und dann nahm die TK ihn unter ihre Fittiche. Sie mobilisierte die Macht und das Geld von Wall-Street-Bankern, akademischen Kreisen und Medienzaren, die Mitglieder des CFR und der TK waren, um dafür zu sorgen, dass der Gouverneur von Georgia nominiert wurde. Fast über Nacht – und aus dem Nichts heraus – wurde Carter tatsächlich nominiert und in der Folge Präsident. Dieses Beispiel zeigt ganz klar, wie groß die Macht der Gruppe ist. Der ehemalige Senator und Präsidentschaftskandidat Barry Goldwater bemerkte dazu: »[Die TK] wurde dazu auserkoren, das Vehikel für die multinationale Konsolidierung der Interessen von Handel und Banken zu sein, indem sie die Kontrolle über die politische Regierung der Vereinigten Staaten übernimmt.« Das scheinen gewichtige Worte zu sein, bis man sich klar macht, dass Mr. Goldwater ein entschiedener Gegner des CFR und David Rockefellers war.

Die TK trifft sich jährlich in Europa, Nordamerika oder Asien; ihren Mitgliedern ist es (wie auch denen des CFR) nicht gestattet, der Öffentlichkeit irgendetwas über ihre Operationsweise mitzuteilen. Wie der CFR veröffentlicht die TK eine Zeitschrift, gibt einen Jahresbericht heraus und bestreitet, eine Geheimgesellschaft zu sein. Und obwohl die meisten Verschwörungstheoretiker glauben, dass dem CFR und der TK überwiegend Personen mit wohlmeinenden Absichten angehören, weisen diese Ermittlungsspezialisten darauf hin, dass der innere Zirkel tatsächlich die Absicht hat, eine neue Weltordnung mit einer globalen Regierung zu errichten.

Meine Recherchen zeigen, dass die meisten Personen, die sich der TK und dem CFR anschließen, rechtschaffene Menschen sind. Trotzdem sieht es so aus, als würde die Führungsetage dieser beiden Gruppen nicht alle Mitglieder darüber informieren, was hinter den Kulissen tatsächlich vor sich geht, sondern deren Input dazu benutzen, um ihre eigenen Ziele voranzubringen. Ich kann nicht behaupten, dass diejenigen, denen die Kontrolle obliegt, böse Absichten haben, denn vielleicht handeln sie ja in dem Glauben, dass das, was sie tun, tatsächlich die Welt verbessert.

Ob eine neue Weltordnung eine Gefahr darstellt, ist sicher Ansichtssache; ich glaube allerdings, dass die meisten Amerikaner keine neue Weltordnung möchten. Wenn das zutrifft, müssen wir wachsam sein und sowohl den CFR als auch die TK genau beobachten. Denn je mehr wir wissen, desto besser sind wir darauf vorbereitet, eine Angelegenheit zu unterstützen *oder* ihr vorzubauen. (Noch einmal: Dieses Thema erörtere ich ausführlicher in Kapitel 12.)

Kapitel 4
Die Bilderberg-Gruppe

Sehen wir uns jetzt eine weitere Vereinigung an, die mit dem Council on Foreign Relations (CFR), der Trilateralen Kommission (TK) und dem Globalisierungsthema in Verbindung gebracht wurde. Die Bilderberg-Gruppe (BG) entstand auf Initiative des polnischen Emigranten und politischen Beraters Jozef Retinger, der auch ihr erster Generalsekretär war; ihr Ziel sollte angeblich darin bestehen, ein besseres Verständnis zwischen Europa und den Vereinigten Staaten zu fördern.

Die BG erhielt ihren Namen von dem Ort, an dem sie im Mai 1954 zum ersten Mal zusammenkam – dem Hotel de Bilderberg in Oosterbeek (bei Arnheim) in den Niederlanden. Heute beruft die Organisation eine jährliche Konferenz ein, die vier Tage dauert und in einem Fünf-Sterne-Hotel stattfindet, in der Regel irgendwo in Europa; allerdings wurden auch in den Vereinigten Staaten und in Kanada schon einige Veranstaltungen abgehalten.

Obwohl die BG nicht als Verein agiert, sind viele Gäste regelmäßige Teilnehmer; der Lenkungsausschuss lädt jeweils etwa 100 Personen zur jährlichen Konferenz ein. Obwohl diese Tagungen im Vorhinein nicht groß verkündet werden, *stehen* Zeit und Ort sowie eine Teilnehmerliste der Presse zur Verfügung. Was allerdings während der Konferenz zur Sprache kommt, wird *nicht* bekannt gegeben – auch hier schwören alle Mitglieder, dass sie das, was im Rahmen dieser Sitzungen geschieht, nicht nach außen tragen werden –, angeblich um zu gewährleisten, dass niemand falsch zitiert wird. Zwar nehmen auch einige Medienvertreter teil, aber von ihnen wird ebenfalls verlangt, über das Geschehen bei den Konferenzen Stillschweigen zu bewahren. Eine derartige Verschwiegenheit lässt bei Verschwörungstheoretikern natürlich die Alarmglocken läuten.

Zu den regelmäßigen Teilnehmern gehören Führungspersonen der Zentralbanken, Verteidigungsexperten, Premierminister, Mitglieder von Königshäusern, Vorstände von Massenmedien, Minister, internationale Finanziers sowie politische Führer aus Europa und Amerika. Zu den prominenten Gästen zählten in der Vergangenheit u.a. die Präsidenten Bill Clinton, George H.W. Bush, Gerald Ford und Ronald Reagan, außerdem unsere alten Bekannten David Rockefeller und Henry Kissinger sowie viele weitere TK- und CFR-Mitglieder. Es sieht tatsächlich so aus, als wäre die ganze Bande wieder beisammen!

Ich möchte ja nicht übertrieben misstrauisch wirken, aber interessant ist es schon, dass dieselben Leute zu diesen Vereinigungen gehören, die allesamt die globalistische Perspektive einer Weltregierung vertreten. Außerdem scheinen sie neue, vielversprechende Mitglieder anzuwerben, denen es daraufhin stets gelingt, die Karriereleiter hinaufzuklettern und hohe Positionen in der

Regierung, in Handel und Industrie zu bekleiden. Ich bin mir sicher, dass dies ein Charakteristikum der Machtelite ist –wenn man von ihr unterstützt wird, ist es fast garantiert, dass man eine gewisse Einflussebene erreichen wird … solange man ihrem Ziel treu bleibt.

Die Hauptstoßrichtung des Council on Foreign Relations, der Trilateralen Kommission und der Bilderberg-Gruppe scheint eine Art regionale Blockbildung zu sein, die ihrerseits einen erster Schritt zur Schaffung einer Welt unter einer einzigen Regierung darstellt. Ich glaube, die meisten Mitglieder dieser Vereinigungen sind Menschen ohne wirklich böse Absichten. Einige unter ihnen, vor allem diejenigen, die tatsächlich »die Fäden in der Hand haben«, verfolgen wahrscheinlich altruistische Motive, die darauf abzielen, ihr wie immer geartetes Macht- und Vermögenspotenzial auszuweiten.

Mir ist allerdings auch klar, dass Macht korrumpieren kann und dass der Plan einer neuen Weltordnung sehr schwer durchzusetzen sein wird – nicht zuletzt, weil sehr viele bereit wären zu sterben, um ihre nationale Identität zu behalten –, und ich glaube daher, dass dieses Ziel sich speziell in den Bereichen Verteidigung und Wirtschaft nur in regionaler Größenordnung verwirklichen lässt. An dieser Stelle möchte ich eine Warnung aussprechen: Wenn die Vereinten Nationen ihre Macht, in zwischenstaatlichen Angelegenheiten zu intervenieren, weiterhin schrittweise abgeben, sollten wir alle besser unsere Augen offen halten.

Kapitel 5
Die Freimaurer

Eine der Geheimgesellschaften, über die auf dieser Welt am meisten gesprochen wird, ist die Freimaurerei. Die Bücher zu diesem Thema sind mehr als zahlreich, aber nicht nur die schiere Anzahl der gewichtigen Bände kann einen geradezu erschlagen – auch die unzähligen Ideen, Theorien und Geschichten, die in alle Richtungen auszuufern scheinen, machten meine Recherchen zu einem Vorhaben, das wie ein Berg vor mir stand. Mit anderen Worten, meine lieben Leserinnen und Leser, über die Freimaurer gibt es Unmengen an Informationen!

Bevor ich mit diesem Kapitel begann, warf ich einen Blick auf meinen Fußboden, wo überall das Material meiner Recherchen verteilt lag, und schüttelte nur noch den Kopf, denn so richtig freuen konnte ich mich nicht darauf, in dieses Meer einzutauchen. Hier kommt ein Beispiel für die Notizen, die ich mir zu Beginn meiner Suche nach dem roten Faden machte: *So, was haben wir da ... Ein paar Arbeiten über die Anfänge der Freimaurerei. Das erste Buch sagt, diese Bewegung wäre Anfang des 17. Jahrhunderts in Schottland entstanden. Aber in diesem anderen Buch steht, der Startschuss wäre im 14. Jahrhundert gefallen, und in wieder einem anderen heißt es, die Freimaurerei hätte mit den Tempelrittern begonnen. Na super, drei Bücher, drei verschiedene Antworten. Sehe ich mir mal ein anderes an, vielleicht findet sich ja eine Übereinstimmung. Aber dieses Opus sagt, sie hätte mit der Erbauung des Salomonischen Tempels angefangen und wäre von einem Architekten namens Hiram gegründet worden. Und wieder ein anderes Buch* [ich bin schließlich eine hartnäckige Natur] *behauptet steif und fest, die Freimaurerei hätte mit Adam angefangen. Also jetzt bin ich richtig gespannt, wer als Nächster genannt wird – Gott vielleicht?*

Ich weiß, dass ich hier ein bisschen übertreibe, aber ich habe die Erfahrung gemacht, dass ein Thema, über das viel geschrieben wird, immer umstritten ist und entweder geliebt oder gehasst wird. Das Material, das über die Freimaurerei in Umlauf ist, unterscheidet sich insofern nicht großartig von Abhandlungen über andere Geheimbünde: Die Gruppe hat ihre Kritiker, ihre Verteidiger, und natürlich kursieren auch die unvermeidlichen Verschwörungstheorien – aber in diesem speziellen Fall ist wirklich außerordentlich viel zu berücksichtigen!

Das fängt schon damit an, dass es eigentlich falsch ist, die Freimaurerei als Geheimgesellschaft zu titulieren, vor allem seit Mitglieder in den letzten Jahren erklärt haben, ihre Organisation sei weniger eine Geheimgesellschaft als eine Gesellschaft mit Geheimnissen. Ich neige dazu, dieser Aussage zuzustimmen. Angesichts der vielen ehemaligen Mitglieder, die Artikel über die Rituale der Freimaurer an die Öffentlichkeit trugen, muss man sich fragen, ob von ihren Geheimnissen überhaupt noch eins übrig ist. Die Verschwörungstheoretiker haben trotzdem ihre Freude an dieser Gruppe, und daran wird sich meines Erachtens so bald auch nichts ändern. Immer, wenn Menschen in einem nicht öffentlichen Rahmen zusammenkommen und Rituale abhalten, findet sich jemand, der der Meinung ist, sie würden irgendein Komplott gegen die Welt aushecken.

Die Menschheit ist seit jeher misstrauisch gegen den, der etwas »im stillen Kämmerlein« tut, und das ist auch gut so. Denn die Skepsis sorgt dafür, dass ein System der gegenseitigen Kontrolle existiert, vergleichbar mit der Gewaltenteilung in westlichen Staatswesen. (Ob diese Kontrollmechanismen auch in einer Welt, in der der Terrorismus zunehmend um sich greift, weiterhin so funktionieren, wie sie sollen, bleibt abzuwarten, denn in der westlichen Welt werden derzeit offenbar viele Freiheiten untergraben … aber das ist ein anderes Thema.)

Ein Arbeiterbund

Wie sich aus meinen Notizen zu Beginn dieses Kapitels ergibt, sind die Anfänge der Freimaurerei äußerst unklar. Über die Entstehung dieser Gruppe existieren genauso viele Hypothesen, wie es Gelehrte und Historiker gibt, vor allem weil Mythen und Legenden mit den Fakten vermengt wurden.

Sehen wir uns also an, wie die Freimaurer zu ihrem

Namen kamen. Die meisten Gelehrten stimmen zumindest dahingehend überein, dass es drei wahrscheinliche Erklärungen gibt:

1. Die frühen Steinmetze waren im Großen und Ganzen freie Männer. Da zu jener Zeit viele Kirchen, Burgen und Kathedralen gebaut wurden, standen ihre Fertigkeiten hoch im Kurs. Maurern und anderen Handwerkern ließ man, anders als Leibeigenen und Bauern, ihre Freiheit, weil sie in den Bauberufen versiert waren und jederzeit Arbeit fanden, wenn sie von Ort zu Ort zogen. Aufgrunddessen wurden sie als »Freie Männer und Maurer« bezeichnet, was später zu »Freimaurer« verkürzt wurde.

2. Steinmetze, die keine gröberen Steinarbeiten ausführten, sondern als Steinbildhauer an frei zugänglichen, schon gebrochenen Steinen arbeiteten, wurden als »Freistein-Maurer« bezeichnet, die man wie in der ersten Deutung verkürzt als »Freimaurer« bezeichnete.

3. Die letzte und wahrscheinlichste Erklärung liefert der französische Ausdruck für »Freimaurer«, nämlich *franc-maçon*. Dieser Begriff bezeichnete einen Maurer, der einen Vertrag mit einer Kirchengemeinde hatte und auf deren Gelände arbeiten durfte, wodurch er von den Steuern und Vorschriften des Königs oder der Stadtobrigkeit befreit war.

Eine der wichtigsten Traditionen der Freimaurerei entstand, als Steinmetze zusammenkamen, um ein großes Bauwerk zu errichten. Zunächst fertigten sie eine »Bauhütte« (englisch »lodge« – daraus leitet sich der Begriff

»Loge« ab), in der die Arbeiter für die Dauer des Bauvorhabens wohnten und aßen; je nachdem, wie lange die Fertigstellung des Gebäudes dauerte, wurden provisorische (bei ein paar Monaten Arbeit) oder solidere Hütten (bei vielen *Jahren* Arbeit) errichtet. Diese Bauten, die sich zu den modernen Freimaurertempeln entwickelten, sind das maßgebende Zentrum der Freimaurer. (Mehr über diese »Logen« später in diesem Kapitel.)

Aus der Geschichte wissen wir, dass Arbeiterbündnisse (die frühen Gewerkschaften) schon lange vor der Zeit Christi existierten. Sie werden in griechischen und römischen Urkunden erwähnt, und meine Geistführerin Francine sagt, die Freimaurerei, so wie wir sie heute kennen, hätte um 300 n. Chr. begonnen. Nun ist es sehr interessant, dass diese Zeitangabe ziemlich genau mit dem Beginn des »finsteren Mittelalters« und der Anerkennung des Christentums durch das Römische Reich zusammenfällt.

Francine sagt, die Freimaurerei hätte als Schutzmaßnahme begonnen, um sicherzustellen, dass die von der katholischen Kirche beschäftigten Arbeiter über die jahrhundertealten Geheimnisse, auf die sie zufällig stießen, Stillschweigen bewahrten. Obwohl der Ursprung der Vereinigung nicht in Ägypten liegt, wurde das Wissen um die alten ägyptischen und persischen Mysterien von dort tätigen Maurern übernommen. Beim Bau von Tempeln, Moscheen und koptischen Kirchen lernten diese Arbeiter viele Priester, Architekten und Gelehrte kennen und erfuhren auf diese Weise Etliches von deren verborgenem

Wissen – einschließlich gewisser bautechnischer Geheimnisse und anderer esoterischer Informationen. Dieses Wissen gaben sie in der Folge an andere Maurer weiter.

Denken Sie daran, dass das damalige Zeitalter zwar für Europa ein finsteres war, die islamische Welt zeitgleich aber ein goldenes Zeitalter erlebte, in dem Wissenschaft, Künste und Handel große Fortschritte machten. Infolgedessen wurde die Freimaurerei zu einem Arbeiterbund, der neben dem baulichen Können des Mittleren Ostens auch seine verschiedenen Mysterien kennen lernte. Weil die politische und religiöse Welt sich damals rapide veränderte, hielten die Handwerker es für klug, ihr Wissen auf die eigenen Kreise zu beschränken, und formierten zu diesem Zweck einen Arbeiter-Geheimbund. Neben den bautechnischen Geheimnissen schaffte auch das von ihnen zusammengetragene esoterische Wissen eine enge und brüderliche Verbindung innerhalb der Gruppe.

Eine nicht-religiöse Bruderschaft

Weil die Freimaurer in verschiedenen Regionen bauten und deshalb ständig unterwegs waren, vereinten sie die unterschiedlichsten Menschen in ihrer Gemeinschaft. Die Mitglieder stammten aus verschiedenen Ländern, sie gehörten allen möglichen Völkern und Religionen an – ihre Verbindung war ein Schmelztiegel für Steinmetze aus den unterschiedlichsten Kulturen, zusammengeführt von der Notwendigkeit, denn nach ihrer hochqualifizierten Arbeit bestand enorme Nachfrage. Unter normalen Umständen hätte dies leicht zu Streitereien führen können, was bei anderen Handwerkergruppen auch häufig der Fall war. Das Aufkommen der Freimaurerei machte dieser Befürchtung ein Ende und ließ die Gruppe zum stärksten aller Handwerkerbündnisse werden.

Francine sagt, um 300 n. Chr. hätte in Rom eine Gruppe von Maurern und Steinmetzen, die an lokalen Projekten arbeitete, angefangen, sich über ihre Probleme auszutauschen. Bedingt durch die kulturellen und religiösen Unterschiede zwischen den Arbeitern hatte es zuvor mehrere Schlägereien und sogar ein oder zwei Tote gegeben. Diese Auseinandersetzungen führten zu Verzögerungen am Bau, was Zeit- und Lohneinbuße bedeutete. Außerdem führte es dazu, dass das Militär sich einmischte (zu jenem Zeitpunkt hatte das Römische Reich die Zügel noch fest in der Hand). Weil die soziale und religiöse Situation insgesamt also ziemlich angespannt war – eine Gruppe, die sich »Christen« nannte, sorgte für viel Durcheinander, und an den Rändern des Römischen Reichs kam es immer wieder zu Aufständen –, gingen die Soldaten mit den Unruhestiftern nicht gerade sanft um. Das führte bei den Steinmetzen zu weiteren Verletzungen und zusätzlichem Zeitverlust … Probleme, die dadurch gelöst wurden, dass sie ihre eigene geheime Organisation gründeten.

Francine zufolge kamen alle Maurer und Steinmetze zu einer großen Besprechung zusammen. In dem Wissen, dass Menschen sich von Natur aus zu dem Ort hingezogen fühlen, an dem sie Freunde oder zumindest Leute mit dem gleichen ethnischen oder religiösen Hintergrund vorfinden, wählte der Bund aus jeder ethnischen Gemeinschaft mehrere Mitglieder aus und brachte sie mit den drei Oberaufsehern der Baustelle zusammen; sie bildeten eine Art Rat, der Lösungen für auftretende Probleme finden sollte. Nun hatten damals alle Arbeiterbünde Regeln und Vorschriften, genauso wie die Gewerkschaften heute – aber in diesem Fall veränderten sie nicht nur den bestehenden Regelkatalog, sondern schlugen einen vollkommen neuen Kurs ein.

Francine sagt, es hätte eine Weile gedauert, aber schließlich hätten sie einen Plan für eine völlig neue Organisation präsentiert. Ihnen war wohl klar geworden, dass die normalen Vorschriften nicht reichten, daher hatten sie den Sinn der Gruppe dahingehend erweitert, dass sie nicht länger nur einer Ordnung innerhalb der Steinmetze diente, sondern zu einer Bruderschaft wurde. Als eine der ersten »Amtshandlungen« erschufen sie innerhalb der Bruderschaft ein Zusammengehörigkeitsgefühl, indem sie sie zu einer nicht-religiösen Vereinigung machten, die eine Art »universellen Schöpfer« anerkannte, der von jeder bekannten Religion akzeptiert werden konnte. Das bedeutete, dass alle, egal ob sie griechische, römische, persische, ägyptische oder fernöstliche Götter, Jehova oder den neuen Gott der Christen mit Name Jesus Christus anbeteten (der Islam existierte noch nicht), unter einem Dach zusammenkommen konnten. Zu jener Zeit war dieser Gedanke ein ungewohnter und ehrgeiziger, der den Schwerpunkt auf die religiöse Toleranz legte.

Francine weist außerdem darauf hin, dass die Freimaurer ihr gesamtes Wissen über das Bauwesen und die alten persischen und ägyptischen Mysterien gewissermaßen in Kategorien einteilten, so ähnlich wie die Qualifikationsstufen »Lehrling«, »Geselle«, »Meister« im heutigen Handwerk. So stellten sie sicher, dass jedes Mitglied neben den verschiedenen Ausbildungsstufen im Beruf auch unterschiedliche Wissensstufen erreichen konnte.

Francine behauptet, das Ganze wäre damals, quasi als Sahnehäubchen, durch Pomp und Feierlichkeit attraktiver gestaltet worden. Beim Erreichen einer Wissensstufe sowie beim Eintritt in die Gemeinschaft wurden neu eingeführte Rituale und Zeremonien zelebriert. Die Mitglieder erfanden Symbole und Titel, die zu der jeweiligen Stufe passten und denjenigen, der sie erreichte, mit Stolz erfüllten. Sie verwendeten die Symbolik und die esoterischen Lehren der Kulturen, für die sie im Lauf der Jahre gearbeitet hatten, und jede Stufe wurde zu einer Gelegenheit, mehr Wissen, aber auch mehr Tugend zu erwerben. Auf diese Weise wurde ein Freimaurer zu einem geschickten Arbeiter *und* zu einem besseren Bürger. Die »Gründungsväter« der Gruppe hofften, dass dieses Verfahren dazu beitragen würde, einige ihrer standortbedingten Probleme zu lösen. Nicht im Traum hatten sie daran gedacht, dass ihre Organisation sich so weit verbreiten und die Welt derart stark beeinflussen würde.

Francine sagt, die frühe Freimaurerei wäre sehr viel rudimentärer gewesen als die heutige; zum Beispiel gab es weniger Stufen (also das, was heute als »Grade« bezeichnet wird), die Zeremonien waren weder aufwendig noch langwierig, und das Drum und Dran an Zierrat beschränkte sich auf ein Minimum. Sie merkt allerdings an, dass regelmäßige Zusammenkünfte abgehalten wurden, um Probleme rechtzeitig zu lösen und wenn nötig Verbesserungen auf den Weg zu bringen. Außerdem hätten sich fast alle Steinmetze in Rom der neuen Vereinigung angeschlossen.

Die Freimaurer führten eine erste Hierarchie ein, die sich auf Wissen und Können gründete (was bis heute so geblieben ist), und als sie Rom zugunsten anderer Regionen verließen, nahmen sie ihre Treue zu dem neu gegründeten Bund mit. Da die Bruderschaft sich rasant auf andere Städte und Länder ausweitete, wurde klar, dass die Mitglieder einen Weg finden mussten, einander zu erkennen; deshalb wurde eine Art geheime Zeichensprache eingeführt. Bald stellten sie fest, dass andere sie ziemlich neugierig beäugten und sie deshalb ihr Wissen, ihre Rituale und die Grundfesten ihrer Organisation möglichst verborgen halten mussten. Hierzu wurden neue Eide erdacht.

Vor allem die römisch-katholische Kirche ging hart mit Leuten ins Gericht, die eine Form religiöser Toleranz ausübten oder von ihr für gotteslästerlich erachtetes Wissen besaßen, so dass die frühen Freimaurer ziemlich oft in der Klemme steckten. Viele Bauprojekte wurden von der Kirche in Auftrag gegeben und bezahlt, und so mussten die Mitglieder ein Gleichgewicht zwischen den Wünschen ihres Arbeitgebers und ihrer Loyalität gegenüber der Freimaurerei finden. Wenn Sie dazu noch an die Paranoia der Kirche denken und an ihren Eifer, Ketzer aufzuspüren und zu bestrafen, können Sie sich vorstellen, dass die Freimaurer sich in einer ziemlich heiklen Lage befanden.

Sie sahen an ihrer Organisation nichts Falsches, aber die Kirche war in jenen Zeiten keine versöhnliche Institution und ist daher mit der Freimaurerei im Lauf ihrer Geschichte immer wieder heftig aneinandergeraten. Genauso wie sie es mit zahllosen anderen verdeckt operierenden Organisationen tat, zwang die Kirche auch die Freimaurer, noch vorsichtiger und verdeckter zu operieren, um überleben zu können.

Lassen Sie mich jetzt kurz auf die Beziehung der Freimaurer zu den Tempelrittern eingehen. (Ausführlich werde ich mich mit den Templern im nächsten Kapitel beschäftigen.) Obwohl viele Leute meinen, die Freimaurer hätten mit den Tempelrittern angefangen oder wären gar aus dieser Verbindung hervorgegangen, sagt Francine, dem sei nicht so gewesen. Jedoch bestand zwischen den beiden Gruppen ein intensiver Kontakt, da die Templer für ihre zahlreichen Bauprojekte Steinmetze anheuerten.

Die Templer planten ihre Architektur nach einem Prinzip, das sie als »heilige Geometrie« bezeichneten; diese Bauweise meinte unter anderem, dass Kirchen rund bzw.

mehreckig gebaut wurden, nach dem Vorbild des Felsendoms und der achteckigen Grabeskirche in Jerusalem. (Beispiele für solche Gebäude sind die Templerkirche in London und die Kathedrale von Chartres in Frankreich.) Die meisten Templerkirchen wurden aber trotzdem im ortsüblichen Stil errichtet. Manche sagen, dadurch hätten man versucht, Kosten zu sparen, denn die Templer waren zwar reich, konnten es sich aber nicht leisten, jedem ihrer vielen Bauwerke eine aufwendige Form zu verpassen.

Man schätzt, dass ab 1170 allein in Frankreich mit Hilfe der Templer über 80 Kathedralen und 500 Abteien errichtet wurden. Die Freimaurer standen ihnen bei all diesen Projekten zur Seite, und ihre Partnerschaft dauerte bis zum Quasi-Untergang der Templer im Jahr 1312 an. Francine ist sich sicher – und ich kann mich ihr nur anschließen –, dass beide Gruppen Zugang zur Wahrheit über Christus hatten (mehr darüber in Kapitel 14), obwohl sie sagt, die Freimaurer würden das heute nicht mehr zugeben.

Mit dem Sturz des Templerordens gingen die Freimaurer für eine Weile noch tiefer in den Untergrund, um nicht in die Fänge der epidemieartig um sich greifenden Paranoia der katholischen Kirche und ihrer Inquisitoren zu geraten. Im 16. Jahrhundert dann betrat die Reformation die Weltbühne, und die Katholiken waren zu sehr damit beschäftigt, die dadurch entstehenden protestantischen Gruppen zu bekämpfen, als dass sie die Geheimgesellschaften ebenso wachsam hätten beobachten können wie zuvor – daher konnte es die Freimaurerei wagen, sich wieder auf der Bildfläche zu zeigen. Gegen Ende des 17. Jahrhunderts schließlich änderte sie ihren Kurs entscheidend und wurde zu der Organisation, die sie heute ist.

Großlogen und eine neue Ära

An dieser Stelle möchte ich betonen, dass die Gründung einer Arbeitervereinigung diese nicht automatisch zu einem Geheimbund macht. Wir müssen immer im Hinterkopf behalten, dass die meisten Menschen in der damaligen Epoche keinerlei Bildung besaßen, vor allem in Europa. Die Handwerker gründeten Vereinigungen mit dem Ziel, ihre Mitglieder dabei zu unterstützen, ihren Lebensunterhalt zu verdienen und ihre Familien ernähren zu können. *Überleben* war damals das entscheidende Stichwort.

Im Hinblick auf die Entwicklung der Freimaurerei sind zwei Phasen zu unterscheiden:

1. Die frühe Historie der Gruppe, als diese ausschließlich auf Handwerker beschränkt war.
2. Die Öffnung der Gruppe für Nicht-Handwerker im 17. Jahrhundert.

Diese zwei Phasen verhalten sich zueinander wie Tag und Nacht, denn aus einer brüderlichen Vereinigung geschickter Handwerker wurde praktisch über Nacht ein Bund, den man ohne weiteres als »Klub gebildeter Herren von Stand« bezeichnen könnte. Nachdem auch Angehörige des wohlhabenden Bürgertums und des Adels als Mitglieder zugelassen waren, wurde nicht länger über Konstruktionsprobleme, sondern vielmehr über Philosophie und philanthropische Aktivitäten gesprochen. Die Freimaurerei erlebte eine Art Neubelebung, denn mit einem Mal kam es zu einem Zustrom neuer Mitglieder, von denen sich viele stark für die alten Lehren interessierten, die in ihrem »Klub« seit Hunderten von Jahren überliefert worden waren.

Die meisten Gelehrten und Historiker glauben, dass die Freimaurerei ihre Glanzzeit im 18. und 19. Jahrhundert hatte … und das ist auch die Epoche, in der ganze Scharen von Verschwörungstheoretikern auftauchten, die die Vereinigung nahezu sämtlicher Vergehen beschuldigten, die man sich vorstellen kann. Nach meinen Erkenntnissen begann der Wandel von einem Bund, der ausschließlich arbeitenden Steinmetzen vorbehalten war, zu einem Klub, dem jeder beitreten konnte, im 17. Jahrhundert in den schottischen Logen. Der früheste schriftliche Beleg dafür, dass ein Nicht-Handwerker eine Zusammenkunft besuchte, entstand im Juni 1600 in der Loge von Edinburgh, und die erste Einweihung eines solches Mitglieds – in ebendieser Loge – wurde im Juli 1634 dokumentiert.

Die erste Freimaurer-Großloge wurde 1717 in London gegründet, als vier bestehende Logen zusammenkamen und eine größere formten, die sie alle unter ein

und derselben Jurisdiktion vereinte. Später wurde sie zur
»United Grand Lodge of England« (»Vereinigte Großloge von England« – UGLE), was allerdings mit einigen
Schwierigkeiten verbunden war. Über viele Jahre wei-
gerten sich mehrere andere englische Logen, sich dieser
neu gebildeten Großloge anzuschließen, und gründeten
stattdessen ihre eigenen, oft als »St. John's Lodges« (»Jo-
hanneslogen«) bezeichneten Großlogen. Ihre Mitglieder,
die man meist »Alte«, »Alte Maurer« oder »Johannes-
maurer« nannte, verwendeten für die erste Großloge den
verächtlichen Begriff »die Moderne«. Es gab also eine
Großloge der »Modernen« und eine Großloge der »Alten«. Erst 1813 schlossen sich die beiden Gruppierungen
zur Großloge von England zusammen; sie gilt als die
älteste existierende Großloge, in deren Nachfolge noch
heute die meisten Mitglieder der Freimaurerei rund um
den Globus agieren.

Die älteste Freimaurerloge in Kontinentaleuropa ist
der 1733 gegründete »Grand Orient de France« (GOdF).
Anfangs besaß dieser gute Beziehungen zur UGLE, aber
1877 kam es zu einem »großen Schisma«, als der GOdF
beschloss, Atheisten als Mitglieder zuzulassen (Frauen in
der Freimaurerei hatte er bereits anerkannt). Seit dieser
Zeit haben die beiden Logen, abgesehen von kurzen Phasen eines »Burgfriedens«, keine formellen Beziehungen
mehr.

Eine weitere französische Großloge, die »Grande
Loge Nationale Française« (GLNF), ist derzeit die einzige Loge in Frankreich, die formelle Beziehungen zur

UGLE unterhält. Aufgrund dieses Zerwürfnisses besteht
die Freimaurerei heute im Wesentlichen aus zwei Haupt-
zweigen:

1. Der UGLE-Tradition der Jurisdiktionen, die sich als
   »freundschaftlich verbundene Großlogen« bezeichnen.
2. Der GOdF-Tradition der Jurisdiktionen, die sich als
   »freundschaftlich verbundene Großoriente« bezeichnen.

In den meisten lateinamerikanischen Ländern überwiegt
die GOdF-Tradition (trotzdem unterhalten fast alle Logen formelle Beziehungen zur UGLE), während in der
übrigen Welt die UGLE-Tradition in leichten Variatio-
nen vorherrscht.

Mit anderen Worten: Die Freimaurerei lässt sich nicht
über einen Kamm scheren, was wahrscheinlich erklärt,
weshalb es keine zentrale Organisationsstruktur und
keinen Vorstand gibt. Obwohl die Großlogen geltende
Jurisdiktionen haben, die beinhalten können, dass andere
Großlogen über einen Teil ihres Territoriums herrschen,
steht keine Loge über allen anderen. Die einzelnen Logen
können ihre Angelegenheiten weitgehend selbstständig
regeln, und der Orden möchte das auch so beibehalten.
Die Freimaurerei setzt sich also offenbar aus individu-
ellen Logen zusammen, die unter der Jurisdiktion einer
bestimmten Großloge stehen, die ihrerseits unter die

Jurisdiktion einer anderen Großloge fallen kann, aber nicht muss.

Die Freimaurerei gibt dadurch das Bild einer riesigen Patchwork-Decke ab – kleine Flicken (einzelne Logen) bilden Quadrate (Großlogen), die ihrerseits einen Abschnitt bilden (umfassendere Großlogen), aber keine Großloge ist die ganze Decke (das heißt, keine Gruppe herrscht über alle anderen). Das kommt der Autonomie der Logen zugute, denn so können diejenigen mit einem stärker kulturell oder religiös geprägten Hintergrund sich von denen fernhalten, die nicht so denken. Es entstehen also keine Konflikte der Logen untereinander, nur weil sich ein paar Rituale und Riten unterscheiden.

Das bringt uns zu dem, was die Freimaurer »Regularität« nennen, das heißt die wechselseitige Anerkennung der Großlogen. Dank diesem Prinzip können Logenmitglieder Zusammenkünfte in der Jurisdiktion einer anderen Großloge besuchen und an ihnen teilnehmen. Ein Freimaurer kann so auch problemlos am anderen Ende der Welt an den Ritualen der Bruderschaft teilnehmen. Logen, die sich gegenseitig anerkennen, sind formal freundschaftlich miteinander verbunden. Großlogen wie die UGLE und der GOdF, die *nicht* freundschaftlich miteinander verbunden sind, gestatten keine formellen Beziehungen ihrer Mitglieder oder Jurisdiktionen; inoffizielle Besuche können gewöhnlich trotzdem arrangiert werden, wenn auch mit bestimmten Einschränkungen.

Trotzdem ist die einzelne Loge der Grundbaustein der Freimaurerei. Wenn die Mitglieder zusammenkommen, treffen sie sich *als* Loge – nicht *in* einer Loge. Obwohl sie sich tatsächlich meist in einem Gebäude versammeln, das sie »Loge«, »Tempel« (der Kunst und Philosophie), »Halle« oder »Zentrum« nennen, stellen die Mitglieder selbst die Loge dar, nicht das Bauwerk. Frühe Logen trafen sich in Wirtshäusern und an öffentlichen Orten, außerdem ist es heute nicht unüblich, dass mehrere Logen sich dasselbe Gebäude teilen.

Die Voraussetzungen, die man mitbringen muss, um Freimaurer zu werden, sind nicht besonders streng; der potenzielle Kandidat muss sich lediglich an seine örtliche Loge wenden und ein Mitglied bitten, ihn einzuführen. (Je nach Jurisdiktion kann eine Loge ein oder zwei Empfehlungen von gegenwärtigen Mitgliedern fordern.) Um zum Freimaurer zu werden, müssen Sie von der Loge in geheimer Wahl zum Kandidaten gewählt werden und darüber hinaus die folgenden allgemeinen Voraussetzungen erfüllen:

Sie müssen

1. aus freien Stücken gekommen sein.
2. an ein höchstes Wesen (oder, in einigen Jurisdiktionen, an ein Schöpferprinzip) glauben.
3. ein Mindestalter erreicht haben (zwischen 18 und 25, am häufigsten 21).
4. körperlich und geistig gesund sowie ein anständiger Mensch sein und einen guten Leumund haben.
5. frei sein.
6. ein oder zwei Empfehlungen von derzeitigen Logenmitgliedern haben (je nach Jurisdiktion).

Abgesehen von geringfügigen Abweichungen (zum Beispiel ist die Forderung, »frei« zu sein, eine rein historisch zu verstehende Regel und in vielen Logen gestrichen worden) ist das alles, was nötig ist, um Freimaurer zu werden. Eine Gebühr (die im Allgemeinen durchaus annehmbar ist) muss ebenfalls bezahlt werden, dann werden Sie in die erste Stufe der Loge eingeweiht.

In der »regulären« Freimaurerei, die auch »blaue« Freimaurerei heißt, gibt es drei Grade bzw. Stufen:

> *Lehrling – Erster Grad*
> *Geselle – Zweiter Grad*
> *Meister – Dritter Grad*

In jedem Grad müssen bestimmte Dinge gelernt werden, bevor der nächste Grad erreicht wird, genauso wie im Bauhandwerk. In manchen Jurisdiktionen ist jemand Freimaurer, wenn er Lehrling wird; in anderen muss er Meister sein, um im Orden anerkannt zu werden. In allen »blauen« Logen gilt der Meistergrad als der höchste. Ein Maurer ersten Grades ist also ein Lehrling, ein Mitglied dritten Grades ein Meister.

Neben der regulären bzw. Blauen Freimaurerei existieren verschiedene andere bedeutende Zweige: der Schottische Ritus; der York-Ritus; und die »Shriners«, deren Orden mit vollem Namen »Ancient Arabic Order of the Nobles of the Mystic Shrine« (»Alter arabischer Orden der Edlen vom mystischen Schrein«) lautet. Der Schottische und der York-Ritus sind auf der ganzen Welt verbreitet, während es die »Shriners« nur in Nordamerika gibt. Sie sind für ihre Kinderkrankenhäuser und ihre Einrichtungen für Brandopfer bekannt. Die Behandlungen sind kostenlos, und aufgrund dieser karitativen Arbeit sind die »Shriners« wahrscheinlich die Freimaurerorganisation, mit der die Öffentlichkeit am ehesten in Berührung kommt.

Der Schottische und der York-Ritus entstanden aus dem Wunsch einiger Maurer heraus, das zu vertiefen, was in den Blauen Logen unterrichtet wird, darunter vielleicht auch jene esoterischen Studien, die sie sich auf dem Weg zum Meister bereits angeeignet hatten. Im Schottischen Ritus werden zur Kennzeichnung dieser weiterführenden Studien vom dritten Grad, dem Meister, aus, weitere 30 Grade verliehen (von 4 bis 33, wobei der 33. Grad ein reiner Ehrentitel ist). Ein Meister, der den 3. Grad hat, ist allerdings genauso ein Meister wie einer, der den 33. Grad erlangt hat. Zur Verdeutlichung: In Europa kann es Monate oder sogar Jahre dauern, bis ein bestimmter Grad erworben ist, während die Grade in den USA – wo der Schottische und der York-Ritus weit verbreitet sind – oft im Rahmen spezieller Wochenendversammlungen verliehen werden.

Auch im York-Ritus wurden Grade ergänzt, diese sind allerdings nicht mit Zahlen bezeichnet. Der höchste Grad in diesem Orden ist der Tempelritter, aber auch hier gilt: Ein Meister hat die gleiche Macht wie ein Tempelritter. Die Freimaurerei bevorzugt eine klare, einfache Sichtweise: Ein Meistermaurer ist ein Meistermaurer, genauso wie ein Highschool-Absolvent ein Highschool-Absolvent ist, egal ob er zusätzliche Kurse belegt hat oder nicht.

Neben der Blauen Freimaurerei, dem Schottischen Ritus, dem York-Ritus und dem Orden der Shriners existieren verschiedene weitere Organisationen, die mit der Freimaurerei in Verbindung stehen. Diese Gruppen geben Frauen – und Heranwachsenden und Kindern beiderlei Geschlechts – die Möglichkeit, sich Vereinigungen anzuschließen, die ähnliche Ideale wie die Freimaurerei vertreten. Unter anderem gehören dazu: Grotto – Tall Cedars of Lebanon, Order of the Eastern Star, Job's Daughters, International Order of the Rainbow for Girls, Order of DeMolay, National Sojourners, High Twelve, Daughters of the Nile, the Mystic Order of Veiled Prophets of the Enchanted Realm und die Knights of the Red Cross of Constantine.

Rituale und Glaubensvorstellungen

Freimaurer verwenden Zeichen (Gesten), Griffe (Händeschütteln) und Passwörter, um Zugang zu ihren Versammlungen zu erhalten und um zu erkennen, ob ein Besucher zum Zutritt berechtigt ist. Meine Recherchen ergaben, dass diese Praxis erst Mitte des 17. Jahrhunderts eingeführt wurde, als in den Logen erstmals Nicht-Handwerker zugelassen wurden. Seitdem haben schon viele behauptet, sie hätten diese Kommunikationshilfen enthüllt (was auch stimmen mag), aber lokale Jurisdiktionen erfinden ihre *eigenen* Rituale und ändern sie ziemlich oft.

Das Motto der Freimaurer könnte sehr gut »Freiheit, Gleichheit, Brüderlichkeit« lauten (mehrere Verschwörungstheoretiker haben sogar vorgebracht, die Freimaurer hätten dazu beigetragen, die Französische Revolution auszulösen), aber ihr wirkliches Glaubensbekenntnis lautet in etwa so: »Ein ethisches Verhalten, dem alle Menschen zustimmen; das heißt gute und redliche Männer sein.«

Oft wird geäußert, der Orden sei eigentlich eine Religion (was die Mitglieder entschieden bestreiten), und tatsächlich schwingen deutliche religiöse Beiklänge mit. Joseph Fort Newton, eine renommierte Autorität in der Freimaurerwelt und Geistlicher der Episkopalkirche, sagte einmal: »Die Freimaurerei ist keine bestimmte Religion, sondern Religion; keine Glaubensgemeinschaft, sondern ein Ritus, in dem alle Menschen zusammenfinden können.«

Obwohl die Freimaurerei weder eine Religion noch eine Glaubensgemeinschaft ist, scheint sie den Charakter eines Kults zu haben, in dem sich Menschen aller Glaubensrichtungen mit guten Absichten kameradschaftlich zusammenschließen können. Dennoch gilt sie bei vielen Würdenträgern im Vatikan als Geheimbund, dem unterstellt wird, gegen die Katholiken Komplotte zu schmieden und ein einziges, weltweites Glaubenssystem einführen zu wollen. Nun, wenn Brüderlichkeit als etwas Böses betrachtet wird, haben wir wohl alle ein Problem.

Francine sagt, auch die freimaurerischen Ansichten zur religiösen Toleranz würden mit dem so genannten Bibelchristentum kollidieren. »Bibelchristen« (oder wie wir den konservativen Zweig der protestantischen Christenheit, zu dem auch die Evangelikalen zählen, nennen möchten) beharren seit jeher darauf, dass nur Jesus Christus einen Menschen retten kann. Ich dagegen glaube, dass das in einem diametralen Widerspruch zu dem steht, was das Christentum wirklich ist, nicht zuletzt deshalb, weil viele Bibelchristen Freimaurer nicht als Christen betrachten.

Das nimmt sich besonders lächerlich aus angesichts der Tatsache, dass das Führungspersonal einiger kirchlicher Konfessionen nicht unerheblich von erklärten Freimaurern durchsetzt ist. Zum Beispiel stellte der Schulausschuss für den Katechismusunterricht der *Southern Baptist Convention* (abgekürzt SBC, »Südliche Baptisten in den USA«) 1991 anhand einer Umfrage fest, dass 14 Prozent der SBC-Geistlichen und 18 Prozent der SBC-Diakone Maurer waren. Man schätzt darüber hinaus, dass über 33 Prozent aller US-Logenangehörigen SBC-Mitglieder sind. In einem vom SBC herausgegebenen Bericht aus dem Jahr 2000 heißt es, über 1000 seiner Geistlichen seien Maurer. Ist die Freimaurerei jetzt also die Geheimwaffe der Südlichen Baptisten, mit der sie die amerikanische Religion übernehmen wollen? Natürlich nicht … aber ich würde nicht ausschließen, dass ein Verschwörungstheoretiker einen solchen Plan vermuten würde.

Die Freimaurer haben durchaus einen Bezug zur Bibel – sie gilt ihnen als ein Band, der das heilige Gesetz enthält –, aber nur in einer der so genannten christlichen Logen. Mit anderen Worten: Eine jüdische Loge verwendet die Rollen der Thora, eine islamische Loge den Koran, eine Brahmanen-Loge die Veden und so weiter. Die Lehren der jüdischen Kabbala finden sich übrigens in vielen mystischen und philosophischen Graden der Maurerei wieder; die rituelle »Suche nach Licht« zum Beispiel lässt sich direkt auf die Kabbala zurückführen.

Überhaupt können freimaurerische Rituale oft bis in den Hinduismus, Buddhismus, Zoroastrismus, Islam und andere östliche Religionen sowie ins Christentum und Judentum zurückverfolgt werden. Ich glaube, dass so versucht wird, alle Glaubensrichtungen in absoluter Toleranz unter einem Dach zusammenzuführen. Obwohl der Orden den Glauben an ein Höchstes Wesen oder eine Schöpferkraft vertritt, wird von dem einzelnen Mitglied nicht gefordert, dass es offenlegt, an welchen Gott es glaubt. Viele Maurer sagen, das *G*, das sich im Geometer der Freimaurer zwischen Zirkel und Winkelmaß befindet, stünde für »Gott«, aber sie vertreten auch die Ansicht, dass der wahre Name Gottes verlorengegangen ist.

Die Freimaurerei spricht nicht von Jesus, da sie Nicht-Christen nicht angreifen möchte. Sie hält die Christen für eine Sekte, weil sie nur Jesus Christus und keinen anderen als Erlöser akzeptieren – etliche Logen glauben übrigens daran, dass es *viele* Gesandte Gottes gab.

Der Begriff der Sünde ist bei den Freimaurern kein Thema, weil sie der Meinung sind, menschliche Defizite könnten durch ein spirituelleres, erleuchteteres Dasein, welches man durch Lernen erlangt, überwunden werden. Je weiter das Leben des Einzelnen fortschreitet, desto intensiver sollte er darüber nachdenken, ob er im Leben wirklich etwas gelernt hat, sein Dasein auf Erden also sinnvoll genutzt hat. Weil Freimaurer nicht an die Sünde glauben, gibt es für sie auch keine »Erlösung« im biblischen Sinne, sodass die Hölle und die entsetzliche Offenbarung des Johannes nicht zur Diskussion stehen. Letztendlich läuft es folgendermaßen ab: Maurer ändern ihre Überzeugungen nicht, damit sie zur Bibel passen; vielmehr entnehmen sie der Bibel das, was ihren Überzeugungen entspricht.

Auf dem Weg zum Meistermaurer müssen Eide abgelegt werden. Auch ein Eintrittseid ist zwingend vorgeschrieben, um als Kandidat für die Freimaurerei in Frage zu kommen. Der Eid lautet, mit geringen Abweichungen je nach Loge, im Großen und Ganzen ungefähr so:

»Ich verspreche und schwöre feierlichst und aufrichtigst, alle Künste, alle Teile oder alle Punkte der verborgenen Mysterien der alten Freimaurerei immer zu ehren, stets geheim zu halten und nie zu verraten.

Ich verspreche und schwöre feierlichst und aufrichtigst, all dies mit steter und unverbrüchlicher Entschlossenheit genau so zu tun, ohne irgendwelche gedanklichen Vorbehalte oder heimlichen Ausflüchte, und binde mich unter keiner geringeren Strafe, als dass mir die Kehle durchgeschnitten, die Zunge herausgerissen und im groben Sand des Meeres bei der Niedrigwassermarke begraben wird, wo die Gezeiten zweimal in 24 Stunden an- und abebben, sollte ich je wissentlich oder willentlich meinen feierlichen Eid und meine Verpflichtung als Lehrling verletzen. So wahr mir Gott helfe.«

Freimaurer und die Geburt einer Nation

Ich habe die Freimaurer hauptsächlich deshalb in den Abschnitt über die politischen Geheimgesellschaften aufgenommen, weil sich sagen lässt, dass sie bei der Gründung der USA Einfluss nahmen. Francine erklärt, der Orden habe in Reaktion auf die religiöse Unterdrückung in England und die Inquisitionen der katholischen Kirche in den USA Wurzeln gefasst, was zugleich den Hauptgrund für seine Geheimhaltung erklärt – die Mitglieder wollten sich schützen.

Die ersten amerikanischen Logen entstanden 1730 in Philadelphia und 1733 in Boston, und die meisten Gründungsväter der USA waren Freimaurer – einschließlich George Washington, Benjamin Franklin, Ethan Allen, John Hancock, John Paul Jones, Paul Revere und rund 35 anderen, die die Unabhängigkeitserklärung oder die Verfassung unterzeichneten. (Die folgenden frühen Amerikaner dagegen verurteilten die Vereinigung: John Adams, John Quincy Adams, James Madison, Millard Fillmore, Daniel Webster und Charles Sumner.)

Es besteht kein Zweifel, dass der Orden bei der Gründung der Vereinigten Staaten eine ziemlich wichtige Rolle innehatte. Sowohl die Verfassung als auch die Unabhängigkeitserklärung enthalten Worte, die auf seinen Einfluss schließen lassen. Die Symbolik des Ordens sehen wir auf der 1-Dollar-Note – die unvollständige Pyramide mit dem allsehenden Auge, die Anzahl der Federn auf den ausgebreiteten Flügeln des Adlers und die Sterne oberhalb des Adlerkopfes in der Form eines Davidssterns scheinen sich von ihm herzuleiten. Und die Leitsprüche *e pluribus unum* (»aus vielen eins«) und *novus ordo seculorum* (»neue Abfolge der Jahrhunderte«) lassen die neue Weltordnung erahnen, die von den Freimaurern angeblich herbeigesehnt wird.

Mindestens 13 US-Präsidenten waren Freimaurer.

Zahlreiche Filmstars zählten zu ihnen: Gene Autry, Ernest Borgnine, Eddie Cantor, Douglas Fairbanks, W. C. Fields, Glenn Ford, Clark Gable, Oliver Hardy, Al Jolson, Tom Mix, Audie Murphy, Roy Rogers, Will Rogers, Peter Sellers, Danny Thomas und John Wayne; Größen und Talente aus der Unterhaltungsbranche wie Count Basie, Mel Blanc, Nat King Cole, Cecil B. DeMille, Duke Ellington, D. W. Griffith, Arthur Godfrey, Harry Houdini, Louis B. Mayer, John Phillip Sousa, Lowell Thomas, Jack Warner, William Wyler, Darryl F. Zanuck und Florenz Ziegfeld; berühmte Entdecker und Astronauten, etwa Admiral Richard E. Byrd, Kit Carson, »Buffalo Bill« Cody, Virgil »Gus« Grissom, Charles Lindbergh, Edgar D. Mitchell, Admiral Robert E. Peary, Wally Schirra, Meriwether Lewis und William Clark; Sportstars wie Cy Young, Honus Wagner, Arnold Palmer, Roger Hornsby, Curt Gowdy und Ty Cobb; Politiker und Führungspersönlichkeiten wie General Omar N. Bradley, William Jennings Bryan, Winston Churchill, Robert J. Dole, General James Doolittle, William O. Douglas, Barry Goldwater, J. Edgar Hoover, Sam Houston, Reverend Jesse Jackson, Fiorello LaGuardia, General Douglas MacArthur, Norman Vincent Peale, Joseph Smith, Strom Thurmond, Earl Warren und Brigham Young; Schriftsteller und Komponisten wie Irving Berlin, Robert Burns, Samuel Clemens (Mark Twain), George M. Cohan, Sir Arthur Conan Doyle, Rudyard Kipling, Wolfgang Amadeus Mozart, Sir Walter Scott und Jonathan Swift; und Multimillionäre und Unternehmer wie John Jacob Astor, Walter Chrysler, Samuel Colt, Henry Ford, Rowland Hussey Macy, Andrew Mellon und James C. Penney. Und damit kratze ich nur an der Oberfläche der Liste berühmter Maurer!

Obwohl viele Gegner der Freimaurerei meinen, die Mitglieder würden hinters Licht geführt und hereingelegt, zeigt ein Blick auf die obige Liste berühmter Leute sofort, dass überaus viele intelligente und clevere Menschen an der Nase hätten herumgeführt werden müssen, was ausgesprochen unwahrscheinlich ist. Wir sehen außerdem, dass die Freimaurer aus allen Gesellschaftsschichten kommen; dagegen herrschen bei den meisten Geheimgesellschaften, die gezielte Absichten verfolgen, Leute mit ähnlichen Gedanken und Ideen vor. Es ist dagegen kaum vorstellbar, dass Sportasse, Astronauten und Unternehmer sich verbünden, um die Welt zu beherrschen.

Ich halte die Freimaurerei nicht zuletzt daher für interessant, weil sie versucht, viele esoterische Informationen aus den verschiedensten Schatzkammern des Wissens zu integrieren. Es ist, als hätten ihre Gründer jede in Frage kommende Gedankenschule aufgenommen, um sich mit möglichst vielen unterschiedlichen Denkmodellen und Glaubensvorstellungen auseinandersetzen zu müssen. Sehen Sie sich den Ursprung verschiedener Kulturen an, und Sie werden garantiert einen Mythos oder eine Legende finden, der bzw. die von den Maurern als Teil ihrer Anfänge reklamiert wird: von Adam und Eva bis zu den alten hünenhaften Außerirdischen oder Avataren der sumerischen Zivilisation; vom Bau des Salomonischen

Tempels durch Hiram Abif bis hin zu alten Ägyptern wie Hatschepsut oder Echnaton; von den Essenern und Gnostikern zu König Artus, der Schule von Alexandria, den Tempelrittern, Platon, Jesus und seinen Aposteln, Mohammed, Hermes, den Hebräern, den indischen und persischen Schulen, und so weiter und so fort. Von jedem alten Mysterium, das je auf dieser Erde existiert hat, scheinen die Freimaurer sich eine Scheibe abgeschnitten zu haben. Offenbar dachten sie, so alle Grundwerte abgedeckt zu haben und dadurch wirklich eine Bruderschaft zu formen, die Menschen aus allen Kulturen und Religionen geschwisterlich umarmt.

Die Freimaurerei überlebte, weil ihre Mitglieder Bauhandwerker waren, die man nicht entbehren konnte – war es damals doch von oberster Priorität, große Kirchen und Tempel für Gott zu errichten. Vielleicht konnten sie sich gerade deshalb der Verfolgung entziehen – wer würde schon staubige Steinmetze verdächtigen, deren Talent darin bestand, die imposanten Bauwerke zu konstruieren, nach denen es die Menschheit verlangte? Also trafen sie sich wie die frühen Christen heimlich, um ihr Wissen und ihre Ziele voranzubringen, was sie in die Politik, die Wirtschaft und in die Gesetzgebung führte.

Die Freimaurerei ist zweifellos eine der ältesten (und in verschiedenen historischen Epochen auch eine der mächtigsten) Geheimgesellschaften, die die Welt gekannt hat. Ob sie vor Tausenden von Jahren oder, wie Francine sagt, vor etwa 1700 Jahren begann, ist letztendlich nicht von Belang. Der Orden besteht heute nach wie vor und ist

immer noch sehr einflussreich. Seine karitativen Bemühungen haben große Dienste an der Menschheit geleistet,
und es gibt Tausende guter Menschen, die sich Freimaurer nennen und überall auf der Welt anderen helfen.

Verschwörungstheoretiker wollen glauben, dass die
Freimaurerei Amerika und die Welt beherrscht, aber ich
kann dafür kein überzeugendes Beweismaterial finden.
Obwohl Francine behauptet, dass die Freimaurer als
Vereinigung für eine neue Weltordnung sind, besitzen
die meisten, die für sie arbeiten, weder die Macht noch
den politischen Einfluss früherer Zeiten. Ich persönlich
glaube, dass niemand von uns sich wegen der Freimaurer
Sorgen zu machen braucht – möglicherweise verbergen
sie hinter ihrem kultivierten Äußeren tatsächlich ein paar
heimliche Absichten, aber sie stellen keinesfalls eine globale Bedrohung dar.

Teil II

Religiöse Gesellschaften

Kapitel 6
Die Tempelritter

Mein lieber Freund Gordon Smith, ein ausgezeichnetes Medium aus Schottland, erzählte mir eines Abends eine interessante Geschichte. Nachdem ich erwähnt hatte, an einem Buch über Geheimgesellschaften zu schreiben, fing er an, über einen seiner Besuche bei der Theosophischen Gesellschaft in London zu sprechen (ein Ort, an dem auch ich schon dreimal gewesen bin).

Gordon vertrieb sich dort vor einem Vortrag ein bisschen die Zeit, als er zufällig auf den Friedhof einer kleinen Kirche stieß, die sich in der Nähe des Hauptquartiers der Gesellschaft befand. Er bemerkte drei verwitterte Grabsteine aus dem 13. Jahrhundert, die keine Namen trugen, nur das Symbol eines Totenkopfs mit gekreuzten Knochen darüber. Die meisten anderen Gräber waren jünger und in besserem Zustand, und deshalb fragte Gordon den Pfarrer der Kirche nach den alten, die er gesehen hatte. Obwohl der Geistliche mit der Antwort ziemlich herumdruckste, blieb mein Freund hartnäckig und wollte wissen, ob es sich etwa um die Gräber von Tempelrittern handelte, denn der Totenschädel mit den gekreuzten Knochen war eines ihrer Symbole. Der Priester erwiderte eilig, Gordon würde sich irren, und legte meinem Freund nahe, diesen Friedhof nie wieder zu betreten. Mein medial veranlagter Freund nahm es gelassen und machte sich zur Theosophischen Gesellschaft auf, um seine Rede zu halten.

Bei einem früheren Vortrag an diesem Ort war Gordon ein großes Freimaurersymbol an einer Wand aufgefallen. Als er ein paar der anwesenden Zuhörer danach fragte, erklärten sie ihm, früher hätte sich auch ein Kreuz mit einer Rose im Zentrum (ein Symbol der Rosenkreuzer) dort befunden. Aber als er die Mitglieder der Theosophischen Gesellschaft auf die Bilder ansprach, teilte man ihm mit, die Informationen, die er bekommen hatte, seien falsch ... genauso wie das, was er mit eigenen Augen gesehen hatte. Gordon sagte mir, beim Weggehen sei er ziemlich konfus gewesen, und schloss seine Geschichte mit der Frage an mich, warum die Symbole, die er gesehen hatte, sowohl von dem Geistlichen als auch von der Theosophischen Gesellschaft verleugnet worden waren.

Ich antwortete ihm genauso, wie ich in den eigentlichen Stoff dieses Kapitels einsteige: Es gibt über Geheimgesellschaften einfach *jede Menge* Kontroversen, und das gilt besonders für die Tempelritter. Die Historiker haben ihre eigene Version vom Ursprung der Gruppe, die Theologen eine andere, und wer an den Heiligen Gral glaubt, präsentiert die Geschichte in wieder einem anderen Licht. Nachdem ich Berge (und ich meine wirklich *Berge*) von Forschungsmaterial durchforstet habe, glaube ich herausgefunden zu haben, was es mit diesen Leuten tatsächlich auf sich hatte.

Die Tempelritter sind wahrscheinlich eine der faszinierendsten und mysteriösesten Geheimgesellschaften von allen – nicht nur aufgrund ihrer verdeckten und offenbar abenteuerlichen Taten, sondern auch weil sie ihrem Wesen nach so widersprüchlich sind. In ihrer Kriegführung waren sie grausam und gewährten weder Gnade, noch erwarteten sie diese, aber sie galten auch als überaus religiös und fromm. Und obwohl sie in Finanzdingen sehr geschickt waren und großen Reichtum anhäuften, waren sie der Meinung, ihr größter Schatz ließe sich nie in weltlichen Gütern messen.

Was ist ein Ritter?

Bevor wir uns weiter mit dem Thema »Tempelritter« beschäftigen, wollen wir uns ansehen, wo der Ritterbegriff eigentlich herkommt. Der englische Begriff »knighthood« stammt von dem altenglischen Wort »cniht«, das »Junge« oder »Diener« bedeutet; das deutsche Wort »Ritter« ist von »Reiter« abgeleitet.

Am einfachsten lassen Ritter sich als »Berufssoldaten« definieren; sie traten zum ersten Mal im 10. Jahrhundert in Erscheinung, das heißt gegen Ende der Feudalzeit. In ihrer Frühzeit existierte kein wirklicher Standesunterschied zwischen ihnen und dem Gros der Bevölkerung, denn praktisch jeder, der das nötige Geld für Ausbildung und Ausrüstung besaß, konnte sich den Rittern anschließen. Im 11. Jahrhundert wurde das Rittertum dann zu einem vorwiegend beruflichen Verband, dessen Angehörige kleine Grundbesitzer, Bauhandwerker und freie Männer waren.

Im 12. Jahrhundert erweiterte man das Rittertum um den religiösen Aspekt, denn viele Mönche wurden nun zu *miles Christi* (»Soldaten Christi«). Der religiöse Einfluss brachte einen Verhaltenskodex auf den Weg, der schließlich zu dem führte, was wir heute »Ritterlichkeit« nennen. Zum Ende des Jahrhunderts hin tat die Literatur das Ihre dazu, indem sie das Rittertum romantisierte und glorifizierte. Und obwohl die ihm angehörenden Männer nicht in jedem Fall Adlige waren, so wie umgekehrt nicht alle Adligen Ritter waren, begannen die beiden Gruppen in dieser Zeit zu verschmelzen.

In den Anfängen des 13. Jahrhunderts wurden fast ausschließlich die Söhne von Rittern oder Adligen zu Rittern, und sie waren keine Soldaten mehr. Da immer mehr Söldner eingesetzt wurden, das Schießpulver weite Verbreitung fand und die Bogenschützen stärker in ihrer Leistung wurden, erwiesen sich die Ritter im Kampf nicht mehr als effizient genug. Trotzdem lebten die Ideen der Ritterlichkeit weiter, und in den folgenden zweihundert Jahren fungierten die Ritter eher als eine Art Unterhalter, die ihr Können bei Turnieren demonstrierten. In diese Zeit fällt auch der Beginn der Heraldik, denn die Adelshäuser legten sich Wappen zu und hoben sich so voneinander ab.

Während der Kreuzzüge schlossen sich Gruppen von Rittern zusammen, um die Pilger zu beschützen, sie zu unterstützen und für das Heilige Land zu kämpfen. Nachdem ihre militärische Stärke nicht mehr gebraucht wurde, entwickelten diese »Ritterorden« sich zu dem Schärpen- und Medaillensystem der modernen Zeit. Nur einige der alten Orden haben bis heute überlebt, etwa die Malteserritter (mit denen ich mich im nächsten Kapitel beschäftige). Immerhin habe ich bei meinen Recherchen festgestellt, dass nicht weniger als 200 verschiedene Orden oder Gruppen sich als Ritter bezeichnen – obwohl sie in vielen Ländern noch existieren, haben sie eher den Charakter brüderlicher Vereinigungen. In manchen Fällen ist die Bezeichnung auch ein Adelsprädikat und fungiert ihrem Wesen nach als reiner Ehrentitel.

Die meisten Leute setzen das Rittertum mit den romantischen Erzählungen über König Artus gleich, mit der Suche nach dem Heiligen Gral (angeblich der Kelch, aus dem Jesus beim letzten Abendmahl trank und in dem sein Blut aufgefangen wurde, als er am Kreuz hing) oder erfundenen Helden wie Ivanhoe. In Wirklichkeit erreichten die Ritter ihren Zenit zur Zeit der Kreuzzüge, als sie versuchten, den Muslimen das Heilige Land abzugewinnen, und auf die Suche nach christlichen Reliquien gingen, unter anderem dem Gral.

Wissenschaftler, Historiker und Theologen glauben allerdings nicht, dass die Ritter nur aus religiösem Eifer für das Heilige Land kämpften oder Reliquien suchten. Die schlichte Wahrheit ist, dass viele dieser vorgeblich ritterlichen Gentlemen alles, was sie in die Finger bekommen konnten, raubten, brandschatzten und plünderten. Das

Leben damals war überaus hart, und diejenigen, die im Dienste einer höheren Sache andere schützen sollten, behandelten ihre Mitmenschen oft ausgesprochen brutal.

Die frühen Ritter trugen zum Schutz von Karawanen- und Handelsrouten bei und begleiteten Reisende und Pilger. Viele hatten auch Abkommen mit Lehnsherren, deren Besitz sie vor kleineren Auseinandersetzungen schützten. Oft wurden sie auch zu den Waffen gerufen, wenn ein König Truppen zur Kriegführung brauchte. Nachdem Papst Urban II. 1095 zum ersten Kreuzzug aufgerufen hatte, wurden die Tempelritter gegründet. Ihre Geschichte ist nicht nur geheimnisvoll und faszinierend, sondern weist auch ketzerische Züge auf.

Die Geburt der Tempelritter

Die Tempelritter waren ganz klar Mitglieder eines Geheimbundes, auch wenn ihr Ursprung ein anderer war; Historiker und Wissenschaftler vertreten übereinstimmend die Meinung, ihre Motive seien anfangs ausgesprochen fromm gewesen. Obwohl nur sehr wenige Dokumente über die Gruppe bis zum heutigen Tag überdauert haben, sagen die meisten Experten, sie hätten sich zum ersten Mal im Jahr 1118 zusammengeschlossen. (Manche behaupten auch, es sei früher gewesen, im Jahr 1099 oder 1111.)

Die Gründer des Ordens sollen ein französischer Adliger namens Hugo von Payens, der zum ersten Großmeister der Templer wurde, sowie der flämische Ritter Gottfried von Saint-Omer gewesen sein. Gemeinsam traten sie vor Balduin II. (den damaligen König von Jerusalem) und baten darum, die »arme Ritterschaft Christi vom salomonischen Tempel« (auch genannt »Bruderschaft der Tempelmiliz«) – die in der Folge einfach »Tempelritter« oder kurz »Templer« genannt wurden – anzuerkennen. Das Siegel des Ordens (zwei Ritter auf einem Pferd als Symbol für Armut) leitet sich Überlieferungen zufolge tatsächlich daraus her, dass Hugo und Gottfried sich ein einziges Pferd teilten.

Die meisten derjenigen, die 1118 für das Gründungsjahr der Templer halten, berufen sich auf die *Geschichte der Taten jenseits des Meeres,* die der Erzbischof von Akkon, Wilhelm von Tyrus (1130–1185) verfasste. Moderne Experten sehen dieses Buch jedoch nicht als besonders zuverlässig an, denn man hat darin verschiedene Fehler entdeckt. Das Buch gibt zum Beispiel 1118 als Gründungsjahr der Tempelritter an und behauptet, die Gruppe wäre von neun Rittern ins Leben gerufen worden, die mindestens neun Jahre lang keine neuen Mitglieder zuließen; dagegen erwähnen andere Aufzeichnungen den Grafen von Anjou als erstes neues Mitglied und nennen als Zeitpunkt seiner Aufnahme das Jahr 1120. Wenn Sie von 1120 neun Jahre abziehen, kommen Sie auf das Jahr 1111.

Meine Geistführerin Francine sagt, der Orden der Tempelritter wäre in Wirklichkeit um 1099 unter anderem Namen von einem Mann gegründet worden, der als Gottfried von Bouillon bekannt wurde und einer der Anführer des ersten Kreuzzugs war. Francine zufolge war Gottfried ein sehr strenggläubiger Mann, der ohne zu zögern dem Aufruf Papst Urbans II. folgte, das Heilige Land von den Muslimen zu befreien. Er brach 1096 auf und erreichte Jerusalem Anfang 1099 an der Spitze eines Heers von rund 40 000 Männern aus dem französischen Lothringen. Gottfried belagerte die Stadt und war beteiligt, als beinahe jeder der dort wohnenden Muslime und Juden abgeschlachtet wurde. In *The Monks of War* beschreibt Desmond Seward das Massaker mit diesen Worten:

Jerusalem wurde im Juli 1099 gestürmt. Die wilde Grausamkeit seiner Plünderung zeigte einmal mehr, wie wenig erfolgreich die [katholische] Kirche bei der Christianisierung primitiver Instinkte gewesen war. Die gesamte Bevölkerung der Heiligen Stadt wurde gemeuchelt, Juden genauso wie Moslems: 70 000 Männer, Frauen und Kinder kamen in einem Inferno um, das drei Tage wütete. Stellenweise wateten die Männer bis zu den Knöcheln im Blut, und wer durch die Straßen ritt, wurde von ihm bespritzt. Weinend und barfüßig traten die gottesfürchtigen Eroberer an das Heilige Grab, um zu beten und sich anschließend wieder begierig in das Gemetzel zu stürzen.

Nebenbei bemerkt: Zu jener Zeit erachtete es die katholische Kirche nicht als Sünde, Menschen zu töten, die im Besitz des Heiligen Landes waren, dabei aber als »Ungläubige« galten. Vielmehr hielt sie deren Hinrichtung für eine Möglichkeit, wie die Christen ihre Sünden büßen und sich Zutritt zum Himmel sichern konnten. Im Gegensatz dazu galt bei den Muslimen die Praxis, nach Eroberung einer Stadt eine Amnestie zu gewähren und den Überlebenden einen sicheren Abzug anzubieten – auch den Soldaten, die gegen sie gekämpft hatten.

Das zeigt, dass die Muslime damals sehr viel »christlicher« waren als die so genannten Christen. Vor allem Saladin, der große muslimische Sultan und Krieger, verhielt sich barmherzig, als er das Heilige Land und Jerusalem von den christlichen Kreuzfahrern zurückgewann. Selbst von den christlichen Kriegern wurde er allgemein als ritterlich bezeichnet. Man weiß zum Beispiel, dass der englische König Richard I. (auch bekannt als »Richard Löwenherz«) und Saladin sich zwar nie in einer Schlacht begegneten, Saladin aber seine Ärzte zu Richard schickte, als dieser verwundet war; und als Richard in einer anderen Schlacht sein Pferd verlor, sandte ihm Saladin als Ersatz drei seiner eigenen Tiere. Er trug auch dazu bei, einen Vertrag auszuhandeln, der sicherstellte, dass christliche Pilger nichts zu befürchten hatten, obwohl das Heilige Land nach wie vor muslimischer Herrschaft unterstand.

Aber zurück zu Gottfried von Bouillon. Nachdem er im Jahr 1099 Jerusalem erobert hatte, wurde er zum König dieser Stadt erklärt, was er kurz darauf aber rückgängig machte. Stattdessen akzeptierte er den Titel »Beschützer des Heiligen Grabes«. Francine sagt, Gottfried habe sich auf dem Weg nach Jerusalem zu den Überzeugungen und Lehren einer Gruppe von Mönchen aus Kalabrien hingezogen gefühlt, die später den Orden von Sion gründeten (über den ich in Kapitel 9 sprechen werde). Das ging so weit, dass sie ihm einen Teil ihres geheimen Wissens über das Überleben, die Heirat und die Kinder Jesu Christi anvertrauten (all dies erkläre ich in Kapitel 14). Für Gottfried war das besonders interessant, da seine Vorfahren die merowingischen Könige waren, mit denen die Abstammungslinie Christi sich angeblich verbinden ließ. (Ich persönlich finde es besonders interessant, dass die Mönche aus genau jener Gegend in Kalabrien (Italien) stammten, die als Heimat der pythagoräischen Schule galt und auch Ausgangspunkt für die »Ketzereien« des Mönchs Joachim von Fiore war … eine ziemlich gnostische Gegend also!)

Weil diese Mönchsgruppe wusste, dass Gottfried einer der wichtigsten Anführer des Kreuzzugs war, ging sie mit ihm eine Art Bündnis ein, das im Falle der Eroberung Jerusalems beiden Teilen Nutzen bringen würde. Francine erklärt, Gottfried habe nach seinem Amtsantritt als Beschützer des Heiligen Grabes den Orden vom Heiligen Grab gegründet; dieser bestand zunächst aus einer Gruppe von 12 Rittern, die jene Ordenskanoniker beschützten, die schon am Grab Christi gedient hatten, bevor Jerusalem von den Kreuzfahrern erobert worden war. Diese Ritter wurden kurz nach Gottfrieds Tod im Juli 1100 zu den Tempelrittern.

Der Tod Gottfrieds trat unerwartet ein und bleibt bis heute mysteriös. Manche sagen, er wäre bei der Belagerung der Stadt Akkon von einem Pfeil getroffen worden, während andere glauben, der Emir von Caesarea habe ihn vergiftet. Sein Tod hinterließ jedenfalls an der Spitze des neu gegründeten Ordens vom Heiligen Grab ein vorübergehendes Vakuum, das bald darauf von dem französischen Adligen Hugo von Payens ausgefüllt wurde. Auch das Problem des zukünftigen Königs von Jerusalem war noch nicht gelöst, denn verschiedene Männer konkurrierten um das edle Amt. Schließlich wurde Gottfrieds Bruder zum König Balduin I. von Jerusalem gekrönt. Nach dessen Tod acht Jahre später bestieg sein Vetter Balduin II. den Thron.

Gemäß dem von Gottfried gründlich vorausbedachten Plan erhielt der Orden die Unterstützung der Mönche aus Kalabrien, und es gelang ihm, König Balduin II. davon zu überzeugen, eine neue Rittergruppe anzuerkennen, die sich »Orden der armen Ritterschaft Christi vom salomonischen Tempel« (besser bekannt als Tempelritter oder Templer) nannte. Angeblich diente diese neue Organisation dazu, Pilger zu schützen, die ins Heilige Land reisten. Der Orden überzeugte Balduin auch davon, den Mönchen aus Kalabrien die Bildung einer neuen religiösen Bruderschaft zu gestatten und sowohl den Templern

als auch den Ordensbrüdern einen Ort für ihr Hauptquartier bzw. ihre Abtei zuzuteilen.

Der Platz, den Balduin ihnen anbot, befand sich an
einer überaus günstigen Stelle in Jerusalem: Es war der
Tempelberg, jener Ort, an dem einst der unter Salomon
errichtete jüdische Tempel gestanden hatte. Die kalabresischen Mönche gründeten den Orden von Sion und
bauten eine Abtei namens »Unsere liebe Frau vom Berg
Sion«; die Tempelritter wiederum errichteten ihr Hauptquartier an der Stelle, an der die Ställe König Salomons
gewesen waren, und stellten so eine Verbindung zum
Königspalast auf dem Tempelberg her (heute Al-Aqsa-
Moschee).

Francine sagt, dass neben Gottfried zwei weitere Mitglieder des ursprünglichen Ordens vom Heiligen Grab
gestorben seien, sodass die Templer nur noch neun Mitglieder hatten. Obwohl ihre Aufgabe der Schutz der Pilger im Heiligen Land war, widmeten sie sich Francine
zufolge fast zehn Jahre lang einem anderen Projekt, das
sie voranbrachten, da sie entsprechende Informationen
von den Mönchen des Ordens von Sion erhalten hatten.

Der Templerschatz

Zu den größten Geheimnissen der gesamten Tempelrit-
terthematik zählt die Frage, wie der Orden, der als ein
der Armut verschriebenes Bündnis begann, urplötzlich,
sozusagen fast über Nacht, zu einer der reichsten und

mächtigsten Organisationen der Welt werden konnte. Francine hat dazu folgende Erklärung: Angeblich haben die Templer angefangen, unterhalb des ehemaligen Salomon-Tempels auf dem Tempelberg zu graben, in der Hoffnung, religiöse Gegenstände zu finden, insbesondere die Bundeslade (in der die Zehn Gebote aufbewahrt wurden). Der Orden von Sion hatte ihnen nämlich, sein im Lauf der Jahrhunderte angesammeltes Wissen preisgebend, erklärt, der Tempel sei exakt jener Ort, an dem man die Bundeslade mit größter Wahrscheinlichkeit finden werde.

Francine behauptet, nachdem die Templer neun Jahre lang gegraben hätten, wären sie auf einen Gegenstand gestoßen, der in keinem der mir bekannten Geschichtsbücher je Erwähnung fand: eine Art Tagebuch in einer goldenen Kassette, die einer Miniaturausgabe der Bundeslade glich. Das massive goldene Kistchen zählte schon allein als Schatz, die Schriftstücke, die es enthielt, waren jedoch noch um vieles wertvoller. Sie waren sozusagen autobiographischer Natur, beschrieben Ereignisse, Zeiten und Orte, die der Schreiber aus erster Hand kannte … ein Schreiber, der niemand anderer war als Jesus Christus selbst.

Dieses Tagebuch lieferte eine kurze Darstellung aller Reisen, die Jesus vor Beginn seines öffentlichen Wirkens nach Indien, Persien und Ägypten unternommen hatte, sowie viele der Lehren, die er dort kennen gelernt und dann an seine Jünger weitergegeben hatte. Es beschrieb außerdem seine Verbindungen zu den Essenern und den

Ebionitern (bei denen der Christus-Bruder Jakobus eine der Leitfiguren gewesen sein soll) und umriss auch die aufrüttelndste Information von allen – dass er die Kreuzigung überlebt hatte und nach Frankreich geflohen war.

Francine zufolge endete das Tagebuch an dieser Stelle. In ihren Worten ist es Josef von Arimathäa gewesen, der die goldene Kassette mit dem Tagebuch vergraben hat. Jesus habe ihn darum gebeten, als er sich bereits ein paar Jahre in Frankreich befand, denn er hatte gewusst, dass sie eines Tages entdeckt werden würde. Es sieht ganz danach aus, als sei Josef von Arimathäa ein größerer Held gewesen, als irgendjemand vermutet. Wie Sie in Kapitel 14 erfahren werden, spielte er nicht nur eine Rolle bei der Rettung Jesu vor dem Kreuzestod, er half dem großen Lehrer auch zu fliehen und sich in Frankreich niederzulassen. Außerdem machte er das Christentum in Britannien bekannt und war anwesend, als diese »Geschichte Christi« unter dem Tempelberg vergraben wurde.

Viele Wissenschaftler und Historiker glauben, die Tempelritter hätten die verlorenen Reichtümer des jüdischen Tempels gefunden, und diese seien für den plötzlichen Reichtum des Ordens verantwortlich. Der »Templerschatz« ist seinem Wesen nach seit jeher legendär, und immer wieder wurde darüber spekuliert, woraus er wohl bestünde. Francine sagt, obwohl der Schatz keinen monetären Wert besessen hätte, wären diese Männer mit seiner Hilfe überaus reich und mächtig geworden.

Meine Geistführerin weist darauf hin, dass die Tempelritter zunächst nicht wussten, was sie mit ihrem fantastischen Fund anstellen sollten, deshalb hätten sie die Mönche vom Orden von Sion gefragt (die sie schließlich auf die Idee gebracht hatten, dort zu graben). Nach einigen Debatten beschlossen sie, der katholischen Kirche ihre Entdeckung zu melden. Aber weil sie der Kirche nicht vollkommen trauten, sorgten sie zuvor dafür, dass ihr Fund sicher versteckt blieb. Sie fertigten von den Originalen mehrere Kopien an, von denen sie eine direkt an den Papst schickten; gleichzeitig brachten sie die Originalschriftstücke an einen geheimen Ort, wo sie sicher aufgehoben waren.

Als der Papst die für ihn bestimmte Kopie erhielt, wurde er ziemlich ungehalten; er bestand eisern darauf, die Originale sehen zu wollen, und entsandte eine Gruppe eigener Experten nach Jerusalem. Als die Gelehrten dort ankamen, wurden ihnen die Augen verbunden, und man führte sie zu dem geheimen Ort, an dem sich das Originaltagebuch befand. Unter Aufsicht wurde ihnen dort gestattet, die Schriften einzusehen und auf ihre Echtheit zu überprüfen. Weil die Wissenschaft zu jener Zeit (im frühen 12. Jahrhundert) noch sehr rudimentär war, musste die Verifizierung anhand der verwendeten Sprache und durch Vergleiche mit bekannten Schriftstücken vorgenommen werden. Anders als heute gab es damals natürlich weder eine Kohlenstoffdatierung noch wissenschaftliche Analysen.

Nun, es genügt, wenn ich sage, dass die Templer, nachdem die päpstlichen Experten ein paar Jahre in Rom zurück waren, große Reichtümer anzuhäufen begannen.

Es fing damit an, dass der Orden von Bernhard von Clairvaux anerkannt wurde, einer der mächtigsten und einflussreichsten Mönche damals, der sich fortan für die Templer einsetzte. Ihm ist es zu verdanken, dass sie offiziell vollkommene Autonomie erhielten, die so weit ging, dass sie nur dem Papst und Gott selbst Rechenschaft schuldig waren. Der Papst anerkannte die Gruppe offiziell 1139 durch die Bulle *Omne datum optimum*; von diesem Zeitpunkt an erhielten die Ritter auch von Königen und anderen Adligen aus dem ganzen christlichen Europa Ländereien, Burganlagen und wirtschaftliche Unterstützung.

War das nun Erpressung von Seiten der Templer oder weise Voraussicht der katholischen Kirche? Francine sagt, beides hätte ein bisschen hineingespielt. Die Kirche wusste definitiv von verschiedenen gnostischen und ketzerischen Glaubensüberzeugungen der damaligen Zeit; das beweist ein Brief, den ein berühmter Mönch namens Gerbert von Aurillac (der spätere Papst Silvester II.) rund 100 Jahre vor dem ersten Kreuzzug verfasst hatte. Der spätere Pontifex schrieb, er hoffe, Frankreich würde die heiligen Stätten zurückgewinnen, damit nach den Schlüsseln zum »Universellen Verständnis« gesucht werden könne, die dort verborgen seien. Das liefert den Beweis, dass die Kirche von den Gegenständen wusste, die im Heiligen Land vorhanden sein sollten. Außerdem war ihr klar, dass zahlreiche derzeitige gnostische und ketzerische Sekten behaupteten, genau zu wissen, wo diese Schätze zu finden seien.

Wie bereits erwähnt, erhielt Gottfried von Bouillon viele Informationen von kalabresischen Mönchen, die später zur Prieuré von Sion wurden. Diese wurden mit ziemlicher Sicherheit an die Templer weitergegeben; und durch ihre Grabungsarbeiten stießen sie auf einige der Gegenstände, die dieses Wissen verkörperten.

Interessant ist, dass die Templer auch an verschiedenen anderen heiligen Orten zu bauen begannen. Die Abtei, die sie für den Orden von Sion errichteten, befand sich direkt neben dem Zion-Tor; das Davidsgrab, den Abendmahlsaal und die ehemalige Apostelkirche versahen sie mit Anbauten und Erneuerungen. Francine behauptet, die Templer hätten die Apostelkirche um die Kapelle des Heiligen Geistes erweitert und einen Raum namens »Kammer der Mysterien« dort errichtet (was möglicherweise mit dem alten Wissen zu tun hatte, das sie inzwischen besaßen.)

In den nächsten Jahren wurden die Tempelritter immer verschwiegener und mysteriöser. Könnte dies an den Schriftrollen und Gegenständen gelegen haben, die sie in Jerusalem entdeckt hatten? Neuere archäologische Grabungen förderten jedenfalls Belege für das Vorhandensein einer Essener-Gemeinschaft zutage, die einst auf dem Berg Sion siedelte. (Vor dieser Entdeckung hatte man stets angenommen, die Essener hätten sich auf Qumran in der Nähe des Toten Meeres beschränkt.)

Die Templer waren nicht zuletzt aufgrund ihrer bauhandwerklichen Fähigkeiten berühmt; sie errichteten Hunderte von Kirchen, viele davon – in Anlehnung an

die Grabeskirche in Jerusalem – mit rundem oder acht-
eckigem Grundriss. Das scheint Francines Behauptung
zu bestätigen, nach der die Templer einige der alten
Mysterien durch den Orden von Sion oder die wiedergefundenen heiligen Gegenstände erfahren haben, denn
die alten hermetischen Mysterien handelten auch von
Geometrie und Konstruktionsmethoden.

Eins der größten Missverständnisse in Bezug auf den
Reichtum der Templer gründet sich auf der falschen Meinung, er sei überwiegend durch Erpressung der katholischen Kirche entstanden. In Wahrheit war das Vermögen
des Ordens in erster Linie das Ergebnis der Fertigkeiten
seiner Mitglieder, die in den Anfängen des Bankwesens
besonders gefragt waren. Die Templer begründeten nämlich ein bis dahin ungekanntes System: Jemand konnte in
einem der vielen Templerhäuser Geld einzahlen. Dafür
erhielt er eine verschlüsselte Quittung, die er später in
einem anderen Templerhaus vorlegen konnte, woraufhin ihm der entsprechende Betrag ausgezahlt wurde. So
konnten Reisende, Pilger und Händler größere Distanzen
zurücklegen, ohne Gefahr zu laufen, unterwegs bestoh-
len zu werden; für den Geldtransfer von einem Teil eines
Landes in einen anderen war das eine echte Revolution.

Für diesen Dienst forderten die Templer natürlich eine
Gebühr. Darüber hinaus verliehen sie auch Geld an Adlige und Könige, wofür sie Zinsen bekamen. Sie waren
die ersten mittelalterlichen Bankiers in Europa, und der
überwiegende Teil ihres Reichtums stammte aus diesem
Geschäft. Außerdem fielen ihnen Ländereien und Burgen

derjenigen Personen zu, die ihrer Vereinigung beitraten, sowie der Adligen, die ein Darlehen nicht zurückzahlen konnten oder dem Orden schlichtweg einen Teil ihrer Besitztümer schenkten. Auf dem Gipfel ihrer Macht besaßen die Templer in der gesamten christlichen Welt mindestens 870 Burgen und Komtureien (Zweigstellen) mit den zugehörigen Ländereien oder Besitzungen.

Zudem hatten sie eine ganze Reihe von Schiffen, die eine große Flotte bildeten und dazu gedacht waren, Waren zu transportieren oder ihre ausgedehnten Ländereien und Besitztümer zu beschützen. Interessant ist in diesem Zusammenhang ein Templersymbol, das als Flagge auf ihren Schiffen gehisst wurde: ein Totenkopf mit gekreuzten Knochen. Wurde dieses Symbol von den Piraten übernommen, weil die Templer ihren Untergang als angebliche Ketzer fanden? Oder liefen ehemalige Mitglieder zum Piratentum über, nachdem die Gruppe von Papst Clemens V. aufgelöst worden war, und spätere Freibeuter übernahmen einfach das Symbol? Francine hält Letzteres für wahrscheinlich.

Der Niedergang des Ordens

Die Tempelritter waren im Heiligen Land viele Jahre lang aktiv. Ihre Beziehung zur Prieuré von Sion scheint eine Verbindung in Personalunion gewesen zu sein, bis sich 1188 ihre Wege trennten. Die Auflösung der Partnerschaft zwischen den beiden Orden könnte direkt damit zusammenhängen, dass Jerusalem 1187 an Saladin fiel – dem Orden von Sion wurde erlaubt, in seiner bisherigen Abtei in der Stadt zu bleiben, während die Tempelritter gezwungen waren, sich zurückzuziehen und zahlreiche Schlachten an anderen Orten zu schlagen. Unter anderem trugen sie dazu bei, 1191 Akkon zurückzugewinnen, wo sie bis 1291 residierten. Saladin hatte zahlreiche Waffenstillstände angeordnet, damit die christlichen Pilgerfahrten weitergehen konnten, aber angesichts ständiger Angriffe durch christliche Armeen verlor selbst er irgendwann die Geduld. 1291 gelang es den Muslimen, sämtliche dieser Armeen aus dem Heiligen Land zu vertreiben.

Während dieses Zeitraums wurden zwar neun große und zahlreiche kleinere Kreuzzüge auf den Weg gebracht (meist von der katholischen Kirche, aber auch von verschiedenen Herrschern), aber sie blieben weitgehend ineffizient und endeten gewöhnlich in Desastern. Nur der erste Kreuzzug und der Kreuzzug gegen die Katharer (mit dem ich mich später beschäftigen werde) waren, wenn man so will, erfolgreich.

Nach der Niederlage von Akkon flohen die überlebenden Templer auf ihren Schiffen aus dem Heiligen Land, um sich ihren Brüdern in Europa anzuschließen, die durch ihre Bankgeschäfte große Reichtümer angehäuft hatten. Leider war dieses Vermögen letztendlich die Hauptursache für ihren Untergang. Da die Templer immer mehr Geld verliehen, machten viele Adlige immer mehr Schulden ... und wurden infolgedessen überaus neidisch. Einer dieser Adligen war der französische Monarch Philipp der Schöne, der seinen Beinamen seinem Aussehen verdankte. 1306 stand König Philipp aufgrund seines verschwenderischen Lebensstils und der steigenden Kriegskosten tief in der Schuld der Templer. Er versuchte, seine finanzielle Zwangslage dadurch zu entschärfen, dass er alle jüdischen Ländereien und Besitztümer konfiszierte. Dann erlegte er sämtlichen katholischen Kirchen in seinem Reich eine Steuer in Höhe der Hälfte ihrer Einkünfte auf, was ihm zahllose Konflikte einbrachte.

Papst Bonifatius VIII. erließ daraufhin eine Bulle, die besagte, dass kein Monarch kirchliche Ländereien und Besitztümer besteuern könne, woraufhin Philipp ihn festnehmen ließ. Obwohl er nach drei Tagen freigelassen wurde, starb Bonifatius wenig später.

Nach dem Tod Bonifatius' VIII. im Oktober 1303 dauerte es aufgrund kirchlicher Schismen über ein Jahr, bis der nächste Pontifex feststand. Mit Unterstützung von König Philipp (der unbedingt einen französischen Papst wollte) wurde schließlich im November 1304 Clemens V. gewählt. Die meisten Historiker halten ihn für eine schwache Persönlichkeit, die nur eine Marionette von König Philipp war. Clemens V. ist für zwei Dinge bekannt, die während seiner Amtszeit stattfanden:

Der Umzug der römischen Kurie nach Avignon in Frankreich im Jahr 1309.

Seine Hilfe bei der (von Philipp dem Schönen begonnenen) Vernichtung der Tempelritter.

Weil Philipp bei den Templern tief verschuldet war und begehrlich nach deren Vermögen schielte, versuchte er 1306, ihrem Orden beizutreten, wurde aber rundheraus abgelehnt. Wutschäumend ordnete er die Verhaftung der Templer wegen Ketzerei für Freitag, den 13. Oktober 1307 an. (Manche sagen, der Aberglaube, dass Freitag der 13. ein Unglückstag sei, würde auf dieses Ereignis zurückgehen.) Jacques de Molay, der damalige Großmeister der Tempelritter, und 60 andere Templer wurden verhaftet und in Paris ins Gefängnis geworfen, weitere 15 000 Mitglieder in anderen Landstrichen Frankreichs. Zu den gegen sie erhobenen Anklagepunkten gehörten Kommunikation mit dem Teufel, Götzenanbetung, Sodomie und schwarze Magie.

In den nächsten Jahren wurden die inhaftierten Templer gnadenlos mit glühenden Eisen und anderen berüchtigten Folterinstrumenten gequält. Von Jacques de Molay etwa heißt es, er sei mit Händen und Füßen an eine Tür genagelt worden. Angesichts der Martern, die man ihnen antat, starben viele Templer – aber einige gestanden auch verschiedene Vorwürfe der Ketzerei; diese reichten von Sodomie (die angeblich von drei Templern zugegeben wurde) über die Verehrung eines Kopfes, den sie »Baphomet« nannten, und den Verkehr mit Dämonen bis zum Bespucken des Kreuzes (was von mehreren gestanden wurde). Die meisten Gelehrten halten diese Geständnisse allerdings für unwahr, da sie unter Zwang zustande gekommen sind.

Einige Experten weisen interessanterweise darauf hin,

dass das Bespucken des Kreuzes tatsächlich stattgefunden haben könnte, weil eine Verbindungslinie von den Templern zu den frühen »jüdischen Christen« (bzw. Ebioniten) führt. Diese jüdischen Christen glaubten nicht an die Göttlichkeit Jesu und betonten stattdessen, dass er nur ein Mensch gewesen sei; deshalb wurde die Hypothese aufgestellt, zur Einweihung in den Templerorden hätte auch gehört, das Kreuz zu bespucken, um so die Dreifaltigkeit und die Göttlichkeit Christi zu leugnen. Das könnte durchaus der Fall gewesen sein, vor allem wenn man sich in Erinnerung ruft, dass die Gruppe unter dem Tempelberg die Beweise dafür gefunden hatte, dass Christus die Kreuzigung überlebte.

Francine bestätigt, dass die Templer in Jesus eine ähnliche Figur sahen wie die jüdischen Christen – nämlich dass er ein Mensch war, seine Lehren aber trotzdem von Gott inspiriert waren. Obwohl die Tempelritter fest an Gott glaubten, akzeptierten sie Jesus nicht als Teil der Heiligen Dreifaltigkeit oder als »Sohn Gottes«.

Die wenigen Templer, die nicht gestanden oder aber ihre Geständnisse widerriefen, weil diese durch Folter zustande gekommen waren, wurden der Ketzerei überführt und auf dem Scheiterhaufen verbrannt. Jacques de Molay, der fast sieben Jahre lang gequält worden war, gab 1314 auf. Obwohl er sein Geständnis widerrief, ließ Philipp ihn auf der Ile de la Cité (in der Nähe der Kathedrale Notre Dame) verbrennen.

Als Jacques de Molay starb, soll er gerufen haben, König Philipp und Papst Clemens würden sich wegen ihrer

Taten bald vor Gott verantworten müssen (tatsächlich starben beide Männer innerhalb des folgenden Jahres).

Der öffentliche Druck veranlasste Philipp den Schönen dazu, das Schicksal der Tempelritter in die Hände von Papst Clemens V. zu legen. Obwohl der Pontifex eigentlich unter der Kuratel des Königs stand, hatte er Mitgefühl mit den Templern, denn außerhalb Frankreichs wurden sie nicht verfolgt – Gerichte in anderen Ländern wie Deutschland, Portugal und Spanien sprachen sie sogar von allen Anklagepunkten frei. Papst Clemens V. erdachte 1312 einen Kompromiss, als er den Orden der Tempelritter auflöste und ihren gesamten Besitz dem Orden vom Spital des heiligen Johannes in Jerusalem (auch bekannt als Johanniter oder Malteserritter) übergab; ihre Bestrafung behielt er sich selbst vor und verfuhr dabei sehr gnädig.

Die Tempelritter waren nun am Ende, und ihre Glanzzeit verblasste genauso in der Geschichte wie die von Camelot und König Artus. Die katholische Kirche erhielt den Löwenanteil ihres Vermögens sowie viele der Reliquien, die sie verborgen hatten und die nun sicher verstaut wurden. Es kann einfach kein Zufall sein, dass zu jener Zeit jeder, der kurz davor war, die Wahrheit über Jesus herauszufinden, als Ketzer gebrandmarkt und getötet wurde.

Das Ende ... oder nicht?

Obwohl es die Tempelritter als solche nicht mehr gab, schlossen einige ihrer überlebenden Mitglieder sich den Johannitern an, während andere Orden mit neuem Namen gründeten, zum Beispiel den Orden der Ritterschaft Jesu Christi (Christusorden) in Portugal oder den Montesa-Orden in Spanien. Einige Templer sollen, über 100 Jahre vor Kolumbus, sogar in die Neue Welt gereist sein. Während Wissenschaftler dieser letzteren Behauptung eher skeptisch gegenüberstehen, könnten neue archäologische Funde aus Nova Scotia an der kanadischen Atlantikküste, die derzeit untersucht werden, diese Geschichte bestätigen.

Die Tragik der Tempelritter bestand darin, dass sie zu mächtig und zu vermögend geworden waren. Von ihrer Entstehung mit neun frommen Männern, die der Fanatismus des ersten Kreuzzugs aufgestachelt hatte, bis zu ihrem Sturz, bei dem Tausende inhaftiert und gefoltert wurden, diktierten die Zeitläufe ihr Geschick. Denken Sie daran, dass das Mittelalter keine einfache Epoche war, dass religiöser Eifer und Fanatismus um sich griffen und unzählige Könige und andere Potentaten um gesellschaftliche Stellungen, Macht und Reichtum konkurrierten. So entstand zwangsläufig ein Umfeld, in dem Grausamkeit und Krieg gediehen und die Armen damit beschäftigt waren, zu überleben. Eine Mittelschicht gab es nicht, denn die Reichen behandelten die Armen praktisch wie Sklaven. Adlige und Könige versuchten unentwegt, an Land,

Vermögen und Macht zu kommen, und benutzten dabei die Unterschicht als Futter für ihre Kriege und Arbeiter auf ihren Feldern.

Die Tempelritter waren zweifellos Kinder ihrer Zeit und keine Heiligen – sie verhielten sich wild und grausam im Umgang mit dem Feind und zeigten weder Bedauern noch Erbarmen, wenn sie folterten, vergewaltigten, plünderten und töteten. Die Templer waren keine Gruppe »netter Christen«; eher bewiesen sie ihren fanatischen Glauben, wenn sie mit vereinten Kräften ihre Gräueltaten begingen. Aus der Notwendigkeit heraus, ihre Truppe zu verstärken, fingen sie an, Mitglieder mit sehr fragwürdigem Hintergrund aufzunehmen. Viele waren ausgemachte Kriminelle, die jene Erlösung von den Sünden anstrebten, welche die Kirche für den Kampf in heiligen Kriegen versprochen hatte. Die meisten Mitglieder waren zudem ungebildet und gehorchten den Befehlen ihrer Vorgesetzten bedingungslos – viele als vermeintliche Märtyrer bis in den Tod.

Trotzdem wird das Vermächtnis des Ordens stets in Erinnerung bleiben durch die Geheimnisse, die er in den stürmischen Zeiten bewahrte, in denen er existierte. Ich glaube, dass die Wahrheit letztendlich durch die Entdeckung religiöser Relikte ans Licht kommen wird, auf die man früher oder später stoßen wird. Und sie wird, daran zweifle ich nicht, unsere Welt erschüttern. Aber wenn eine Religion ihre Macht und ihren Reichtum auf Lügen und Täuschung aufbaut, muss sie dafür irgendwann die Zeche zahlen.

Francine sagt, viele überlebende Templer wären in verschiedene Orden integriert worden, einige hätten sich anderen Geheimgesellschaften angeschlossen, und wieder andere wären in den Untergrund gegangen, um ihre Aktivitäten dort in aller Stille fortzuführen. Sie behauptet, viele seien in unserer heutigen Welt wiedergeboren worden und würden, angespornt durch die Erinnerungen an ihr früheres Leben, aktiv daran arbeiten, uns die Wahrheit über Christus zu offenbaren. Sie sagt auch, Sandy Hambletts Version über die Entstehung der Tempelritter (*The Templar Papers,* herausgegeben von Oddvar Olsen) sei weitgehend zutreffend. Wenn Sie also mehr über das Thema lesen wollen, ist dieses Buch eine Empfehlung wert.

Kapitel 7
Die Malteserritter

Der als »Malteserritter« bekannte Geheimbund ist ein religiöser Orden der katholischen Kirche, der 1113 vom Papst anerkannt wurde. Ursprünglich gegründet worden war er als – in dieser Form heute noch existierender – mönchischer »Orden vom Spital des heiligen Johannes zu Jerusalem« von Bruder Gerhard (auch bekannt als der selige Fra Gerhard Sasso), der mit anderen Mönchsbrüdern in einem Hospital in Jerusalem Dienst tat. Damals hießen die späteren Malteserritter auch »Hospitaliter« oder »Johanniter«, die letztere Bezeichnung ist nach der Reformation beim evangelischen Zweig des Ordens erhalten geblieben. Der Name »Malteserritter« bürgerte sich erst im 16. Jahrhundert ein, als den Mitgliedern die Insel Malta übereignet wurde.

Zur Zeit der Kreuzzüge ließen verschiedene Mönchsorden – zum Beispiel die Benediktiner, aus deren Mitte die Ritter des anfangs nur der Krankenpflege verschriebenen Johanniterordens hervorgingen – ihre Mitglieder militärisch ausbilden. Mitte des 12. Jahrhunderts bestand der Johanniterorden aus zwei Gruppen: dem pflegerischen und dem militärischen Zweig. Auf diese Weise wurden die Johanniter genauso wie die Templer zu einem geistlichen

Ritterorden, der die ins Heilige Land reisenden Pilger verteidigte. Sie entwickelten sich zu einer sehr mächtigen christlichen Gruppe, deren Mitglieder sich im Kampf gegen die Muslime um die Herrschaft über Jerusalem und das Heilige Land hervortaten. Die Kämpfer trugen einen schwarzen Übermantel mit diesem Zeichen:

Anfangs bekam Bruder Gerhard von Jerusalem und seinem Umland Geld und Ländereien für seinen Orden, aber weil die Johanniter weiterhin als religiöse Gemeinschaft galten, wurden ihnen vom Papst spezielle Privilegien gewährt. Seine Mitglieder waren zum Beispiel nur der Autorität des Papsttums unterworfen, brauchten keinen Zehnten zu zahlen und durften Eigentum und Gebäude besitzen. Auf dem Höhepunkt des Königreichs Jerusalem unterhielt der Orden in der Gegend rund 140 Besitzungen und sieben große Festungen.

Als die Muslime 1291 Akkon einnahmen, wurden alle Christen aus dem Heiligen Land vertrieben, und Bruder Gerhards Orden suchte Zuflucht auf Zypern. Weil er sich nicht in die politischen Turbulenzen jener Gegend hineinziehen lassen wollte, suchte er bald nach einer dauerhafteren Bleibe und eroberte daher 1309 die Insel Rhodos. Als dann die Tempelritter verfolgt und ihre Besitztümer 1312 von der katholischen Kirche und König Philipp dem Schönen eingezogen wurden, übertrug man einen Großteil ihres Vermögens auf die Johanniter (die man damals »Rhodesier« oder auch »Rhodiner« nannte). Ländereien in Spanien, England, Frankreich, Deutschland und Italien kamen in ihren Besitz, und der Mönchsorden wurde reicher, als er je gewesen war. Er war nun außerdem gezwungen, sich stärker militärisch auszurichten, denn seine Mitglieder mussten ständig gegen muslimische Freibeuter kämpfen und sich außerdem gegen Invasionen durch den Sultan von Ägypten (1444), Mehmet II. (1480) und Süleyman wehren.

Als dieser den Orden 1522 besiegte, wurde den Johannitern die Erlaubnis gewährt, sich nach Sizilien zurückzuziehen. Nachdem sie daraufhin rund sieben Jahre ohne zentralen Sitz durch Europa gezogen waren, wurde ihnen 1530 von König Karl I. von Spanien (besser bekannt als Kaiser Karl V., der auch König von Sizilien war) die Insel Malta übergeben. In der Folgezeit bürgerte sich die Bezeichnung »Malteserorden« ein, obwohl der Orden 1834 sein Hauptquartier nach Rom verlegte (wo es sich bis heute befindet). Das lag zum Teil daran, dass Napoleon Malta im Jahr 1798 einnahm. Die Gruppe wurde vertrieben, behielt aber ihren Namen und wurde zum »Souveränen Militärischen Orden von Malta«.

Als die Reformation ins Land zog, konfiszierten protestantische Staaten wie Deutschland (unter den Lutheranern) und England (unter Heinrich VIII.) zahlreiche Besitztümer der Malteserritter, sodass ihr Reichtum drastisch abnahm. Seit Napoleon sie besiegt hatte, befanden sie sich praktisch in einem Schwebezustand, bis sie schließlich umorganisiert wurden und 1879 vom Papst den Großmeister-Status erhielten. (Ein Großmeister ist als Staatsoberhaupt anerkannt und hat in der Kirchenhierarchie den Rang eines Kardinals inne.)

In dieser turbulenten Zeit entstand auch der »Ritterliche Orden Sankt Johannis vom Spital zu Jerusalem« (Johanniterorden). Dieser protestantische Zweig der Malteser wurde 1963 von dem katholischen Orden anerkannt. Interessant ist, dass beide Orden souverän sind und von den Vereinten Nationen Beobachterstatus verliehen bekamen. Das bedeutet, dass sie Diplomatenpässe mit entsprechender Immunität ausstellen können.

Fragwürdige Verbindungen und Praktiken

Was die Malteserritter zu einer Geheimgesellschaft macht, ist ihre Loyalität gegenüber dem Papsttum. Und obwohl die Malteserritter behaupten, ihre Organisation stünde jedem offen, werden Laien nur in die unteren hierarchischen Stufen aufgenommen. Führende Mitglieder müssen katholisch sein und einen mindestens 100 Jahre alten fürstlichen Stammbaum aufweisen.

Viele Allianzen und Aktionen der Malteserritter in Vergangenheit und Gegenwart waren und sind geheim, vor allem deshalb, weil sie vom Vatikan kontrolliert werden. Der Orden wurde zum Beispiel mit den Schleichwegen in Verbindung gebracht, auf denen hochrangige Nazis und Wissenschaftler nach dem Zweiten Weltkrieg den Kriegsverbrecherprozessen entgehen konnten. So gibt es das Gerücht, einige dieser Verbrecher hätten Malteserritter-Pässe ausgestellt bekommen, mit denen sie sich aus Deutschland nach Nord- und Südamerika absetzen konnten. Reinhard Gehlen, Hitlers Nachrichtendienstchef für die Ostfront, wurde sogar mit dem »Großen Verdienstkreuz« ausgezeichnet, dessen Grundform das Malteserkreuz bildet.

Bekannt ist, dass die Malteserritter aufgrund ihrer katholischen und aristokratischen Wurzeln antikommunistisch sind. Diese Haltung hat zu ihren engen Beziehungen zur CIA und zu ihrer Verwicklung in den Kalten Krieg gegen Russland geführt. Einem der Gründungsväter der CIA, William »Wild Bill« Donovan, wurde von Papst Pius XII. das »Großkreuz des Silvester-Ordens« verliehen, eine angesehene päpstliche Auszeichnung und der höchste katholische Orden, den ein Amerikaner je erhalten hat.

Am stärksten ist der Einfluss der Malteserritter jedoch in Lateinamerika und Afrika. Zu ihren Mitgliedern dort gehörten Personen wie der Nazi-Flüchtling Otto »Narbengesicht« Skorzeny, der sich mithilfe des Diktators Francisco Franco später in Spanien niederließ;

Juan Peron, Präsident und Diktator Argentiniens, der, wie jüngere CIA-Dokumente beweisen, darin verwickelt war, Nazigold über die Vatikanbank zu waschen; General Augusto Pinochet aus Chile, der während seiner Schreckensherrschaft bekanntlich Tausende von Chilenen töten und foltern ließ; und Graf Umberto Ortolani, der Botschafter des Malteserordens in Uruguay, der allgemein als Kopf der berüchtigten P2-Loge gilt, der viele ehemalige Nazis und Faschisten angehören.

Die Malteserritter haben mit Unterstützung hochrangiger Mitglieder der katholischen Kirche und des Vatikans weitere fragwürdige Allianzen unterhalten. Jozef Retinger zum Beispiel, einer der Initiatoren der Bilderberg-Gruppe, war ehedem Malteserritter und Agent des Vatikans. Kardinal Francis Spellman aus New York war angeblich direkt in den Militärputsch von 1954 in Guatemala verwickelt, bei dem Tausende ums Leben kamen und an dem die CIA ihre Mittäterschaft zugegeben hat. Spellman ist darüber hinaus mit der südamerikanischen P2-Gruppe in Verbindung gebracht worden, und zwar wegen seiner langjährigen Beziehung zu dem erklärten Mitglied Erzbischof Paul Marcinkus, der die Vatikanbank leitete und eine ganze Reihe illegaler Geschäfte getätigt haben soll, zu denen viele Behörden ihm gerne ein paar Fragen gestellt hätten. Er kam jedoch nie vor Gericht, weil er als Angehöriger des Vatikans Immunität genoss.

Marcinkus stand auch im Verdacht, an dem Komplott beteiligt gewesen zu sein, das den Tod von Papst Johannes Paul I. zur Folge hatte. Das Ableben des Pontifex geschah nämlich unter ziemlich verdächtigen Umständen, was zu der Theorie führte, er sei vergiftet worden. Darüber breitete die Kirche aber eiligst den Mantel des Schweigens. Viele dachten, man hätte ihn getötet, weil seine Motive zu ehrenwert waren. Er wollte, dass die Kirche ökumenischer würde, aber möglich ist auch, dass er zu viel über die illegalen Machenschaften der Vatikanbank wusste. Kardinal Spellman war außerdem ein alter Freund von »Wild Bill« Donovan, der fast dreißig Jahre lang das Oberhaupt der Malteserritter in Amerika gewesen sein soll.

Zurzeit engagiert sich der Malteserorden sehr stark dafür, dass Europa sich von einem einzigen Präsidenten führen lässt; das wird anhand der Bemühungen des Malteser-Mitglieds und ehemaligen französischen Präsidenten Valérie Giscard d'Estaing deutlich, die mittlerweile von Großbritannien, Frankreich, Deutschland, Italien und Spanien unterstützt werden. Übrigens sind viele der so genannten religiösen Geheimgesellschaften des Mittelalters heute im Bereich der Politik sehr aktiv. Denn während im Mittelalter das Königtum und die Religion die Welt beherrschten, haben heutzutage die Politik und das Geld die Macht. Viele dieser konspirativen Gruppen begeben sich also einfach ins Schlepptau der Macht … und überleben auf diese Weise.

Kapitel 8
Die Rosenkreuzer

Zu Beginn dieses Kapitels möchte ich ein paar persönliche Beobachtungen zu den Rosenkreuzern an Sie weitergeben. Obwohl ich kein Mitglied des Ordens bin, bewundere ich diese Leute schon lange, und bei meinen Reisen nach Ägypten haben mich immer erstaunlich viele Rosenkreuzer begleitet. Eigentlich wundert mich das nicht, denn zu den allerersten Mitgliedern dieser Geheimgesellschaft zählten zahlreiche Gnostiker und Bewahrer eines verborgenen Wissens (mehr darüber in Kapitel 15).

Der größte Rosenkreuzerorden der heutigen Zeit ist der »Alte mystische Orden vom Rosenkreuz (AMORC)«. Der amerikanische Sitz dieses Ordens befindet sich in San José in Kalifornien. Ich wohne in dieser Stadt, deshalb weiß ich aus erster Hand, dass zu dieser Zentrale auch ein Planetarium und ein ägyptisches Museum gehören, das meine Kinder und Enkelkinder sehr gerne besuchen.

Der AMORC behauptet, keiner Religionsgemeinschaft anzugehören, und sagt, seine Überzeugungen würden mit keiner Glaubensrichtung kollidieren. Meines Erachtens ist das allerdings Interpretationssache, denn die Lehren des AMORC haben durchaus etwas damit zu tun, ein besserer, letztendlich erleuchteter Mensch zu werden; nun weiß ich, dass manche Fundamentalisten und Glaubensgemeinschaften aus der rechten Ecke mit Themen wie Reinkarnation, Seelen- bzw. Astralreisen, Parapsychologie, Meditation und so weiter ihre Schwierigkeiten haben, aber für jemanden wie mich stellt das alles natürlich kein Hindernis dar. Ich glaube, dass der AMORC brauchbare Thesen vertritt, aber meine Überzeugungen kann man schließlich auch nicht konservativ nennen – ich predige religiöse Toleranz und glaube an die Reinkarnation und das Weiterleben der Seele. Schließlich bin ich Gnostikerin, und bei uns ist das so.

Der Hintergrund des Ordens

Die Anfänge der Rosenkreuzer-Bewegung werden meist im 15. oder im 17. Jahrhundert vermutet, aber manche meinen auch, die Ordensbrüder hätten schon im alten Ägypten den Kopf aus dem Sand gesteckt. Nun, egal wann die Bewegung de facto begann, um ihre Ursprünge ranken sich Mysterien. Der populärsten Legende zufolge ist die Entstehung der Gruppe einem Mönch namens Christian Rosenkreuz zu verdanken, der 1378 in Deutschland geboren wurde. Im zarten Alter von 16 Jahren reiste er nach Damaskus, Ägypten und Marokko, wo er angeblich von islamischen Meistern der okkulten Künste unterrichtet wurde. Er kehrte dann nach Deutschland zurück, wo er mit drei Mönchen seines Herkunftsklosters den Rosenkreuzer-Orden gegründet haben soll. Rosenkreuz erweiterte den Mitgliederkreis auf acht Mönche und baute dann das *Sancti Spiritus* (das »Haus des Heiligen Geistes«), das 1409 fertiggestellt wurde.

Als Rosenkreuz 1484 im Alter von 106 Jahren starb, wurde er im *Sancti Spiritus* bestattet. Das Wissen um sein Grab geriet rund 120 Jahre in Vergessenheit, bis es 1604 wiederentdeckt wurde, was angeblich zu einer Wiedererweckung der Rosenkreuzer-Bruderschaft führte. Das erneuerte Interesse ist den Arbeiten eines deutschen evangelischen Theologen namens Johann Valentin Andreae (1584–1654) zugeschrieben worden. Andreae wollte offenbar eine Gruppe ins Leben rufen, die sich für soziale Reformen einsetzte, daher publizierte er drei Schriften, die die Legende der Rosenkreuzer beschrieben: die *Fama Fraternitatis* (»Die Bruderschaft des Ordens der Rosenkreuzer«, 1614), die *Confessio Fraternitatis* (»Bekenntnis der Sozietät und Bruderschaft Rosenkreuz«, 1615) und die *Chymische Hochzeit Christiani Rosencreutz* (1616), die angeblich von Christian Rosenkreuz selbst 1459 verfasst wurde.

Und hier fangen auch schon die Kontroversen an, denn die heutigen Rosenkreuzer-Gruppen haben unterschiedliche Ansichten über die Geschichte von Christian Rosenkreuz. Manche glauben, er habe genauso existiert, wie die obigen Dokumente behaupten, andere sehen die Geschichte als eine Parabel, die auf tiefere Wahrheiten verweist, und wieder andere meinen, Christian Rosenkreuz sei ein Pseudonym für eine oder mehrere historische Persönlichkeiten, in der die meisten Francis Bacon vermuten. Obwohl niemand zweifelsfrei beweisen kann, ob Rosenkreuz wirklich gelebt hat oder nicht, hatten die drei von Andreae veröffentlichten Schriften fast augenblicklich eine tiefgreifende Wirkung. Es kam umgehend zur Entstehung von Rosenkreuzer-Gesellschaften, und das Rose-und-Kreuz-Symbol wurde enorm populär (möglicherweise stammt es aus Andreaes Wappen, auf dem ein ähnliches Bild dargestellt gewesen sein soll).

Neben der Legende über Christian Rosenkreuz wurde im 18. Jahrhundert von einer rosenkreuzerisch-freimaurerischen Gruppe namens »Orden der Gold- und Rosenkreuzer« ein weniger bekannter Mythos unter die Leute gebracht, der ebenfalls die Anfänge des Ordens beschreibt. In dieser Version setzt die Bewegung im Jahr 46 n. Chr. ein und wird von einem weisen Gnostiker aus Alexandria mit Namen Ormus angeführt. Er und sechs seiner Gefolgsleute wurden offenbar von dem Jünger Markus zum Christentum bekehrt; das Rosenkreuzertum entstand demzufolge durch die Kombination von

Christentum und alten ägyptischen und gnostischen Mysterien. Wieder andere nehmen an, die Sekte hätte mit Pharao Echnaton im alten Ägypten angefangen.

Wie dem auch sei, Christian Rosenkreuz wird von den meisten Rosenkreuzern als Gründer anerkannt. Als sein wiederentdecktes Grab 1604 geöffnet wurde, sollen darin viele Dokumente mit alten Weisheiten gefunden worden sein, die die Lehren des Ordens angeblich bis heute prägen. Man sagt, Rosenkreuz habe bei seiner Reise in den Nahen Osten und nach Afrika Alchemie, Astrologie, Magie, Exorzismus, die Kabbala und andere mystische Themen studiert. Er beschäftigte sich außerdem mit der pythagoräischen Tradition, Gegenstände und Ideen im Hinblick auf ihren Zahlenwert zu sehen. Darüber hinaus soll er die Gottes- und Engelnamen gelernt haben und von islamischen Mystikern zum Meister geweiht worden sein.

Der Orden der Rosenkreuzer verbreitete sich rasend schnell quer durch Europa und gewann Verfechter wie den Engländer Robert Fludd (1574–1637) – der auch Großmeister der Prieuré de Sion gewesen sein soll und in der Folge einen *Tractatus apologeticus integritatem Societatis de Rosea Cruce defendens*, (»Eine umfangreiche Verteidigung der Bruderschaft vom Rosenkreuz«) veröffentlichte, sowie Michael Maier (1568–1622), einen Arzt und Alchemisten, der dazu beitrug, die Alchemie in der Philosophie der Gruppe zu verankern. Rosenkreuzer sollen daraufhin auch ihre Heilkräfte eingesetzt haben, die sie für ein Geschenk Gottes hielten.

Im Hinblick auf das Aneignen von Wissen hatten die Rosenkreuzer ein großes Herz. Teile ihrer Lehren und ihrer Philosophie scheinen sie dem Buddhismus, dem Christentum, der Gnostik, dem Hinduismus, der hermetischen Philosophie, der islamischen Magie und verschiedenen esoterischen Lehren entnommen zu haben, sowie der Kabbala.

Auch mit der Freimaurerei gab es Berührungspunkte, was sich daran zeigt, dass ihr Symbol bei manchen Ritualen der Blauen Logen Verwendung findet. Tatsächlich gleicht die Struktur der Rosenkreuzer derjenigen der Freimaurer insofern, als es verschiedene Stufen gibt, die jeweils einen Zuwachs an geheimem Wissen bedeuten. Bei meinen Recherchen habe ich außerdem festgestellt, dass es Verbindungen zu den Illuminati und der Prieuré de Sion gibt. Und es ist belegt, dass schon um 1530 (über 80 Jahre vor der Veröffentlichung des ersten Rosenkreuzer-Manifests) in Portugal in einem Kloster des Christusordens (der dort das Auffangbecken der Tempelritter war) das Rose-und-Kreuz-Symbol auftauchte.

Der Rosenkreuzerorden gilt als eine Gruppe mit »innerem Zirkel«, den die so genannten »Adepten« oder »Eingeweihten« bilden; ihr Wissen, ihre Macht und ihre Weisheit machen sie im Vergleich zu normalen Menschen fast zu so etwas wie Halbgöttern. Außerdem gibt es das so genannte »Kollegium der Unsichtbaren«, das als die Informationsquelle hinter der Rosenkreuzerbewegung gilt. Die Gruppe glaubt an die esoterischen Lehren und arbeitet mit einer heiligen Astrologie und weiteren Methoden, welche die spirituelle Entwicklung und die Selbsterkenntnis fördern sollen. Die Mitglieder glauben, dass nur zwei Wege zu göttlicher Freiheit führen: Wissen und Liebe. Sie sind der Ansicht, dass ihr Symbol den Sinn des Universums vollständig erklärt – wie die Rose, die auf dem Kreuz erblüht, müssen die Menschen ihre Liebesfähigkeit so weit entwickeln, dass sie alle Geschöpfe umfasst; sie müssen die Gesetze verstehen, die die Welt lenken, und durch Intuition und die liebende Einsicht des Herzens von jeder Ursache zu ihrer Wirkung gelangen können.

Im 18. Jahrhundert vollzogen die organisierten Logen des Rosenkreuzerordens ausgeklügelte Aufnahmerituale, es war kein Zufall, dass er in ebendieser Zeit auch als am geheimsten galt. Zu den Symbolen, die bei den verschiedenen Ritualen verwendet wurden, gehörten:

- Ein gläserner Globus auf einem Podest, zu dem sieben Stufen führten. Außerdem war er in zwei Hälften geteilt, die Licht und Dunkelheit symbolisierten
- Drei im Dreieck aufgestellte Kerzenleuchter
- Neun Gläser, die männliche und weibliche Eigenschaften symbolisierten
- Eine Kohlenpfanne
- Ein Zirkel
- Ein Tischtuch.

Der Einzuweihende musste sich der rituell-symbolischen Prozedur von Tod und Wiedergeburt stellen, sich damit einverstanden erklären, seine Brüder zu unterstützen, und ein rechtschaffenes Leben führen.

Weil die Glaubensrichtlinien der Rosenkreuzer so stark aus anderen Quellen schöpfen, ist es schwierig, ihre speziellen Grundsätze auf den Punkt zu bringen. Sie scheinen sich eine Menge Gnostik einverleibt zu haben und darüber hinaus die positiven Anteile anderer Philosophien. Ich habe bei meinen Recherchen kein verborgenes Wissen dieses Ordens entdeckt, das man nicht auch anderswo erfahren könnte. Sie schienen mehr daran interessiert zu sein, nach ihren Regeln zu leben und durch Lernen zu besseren Menschen zu werden. Auch scheint es weder einen Hinweis auf eine neue Weltordnung noch den Versuch zu geben, sich in die Politik einzumischen. Wenn sie sich überhaupt in der Außenwelt engagieren, dann eher im Kunst-, Musik- und Literaturbetrieb; sie halten sich an ihre eigene Philosophie und setzen ihre Überzeugungen in die Praxis um. Ich halte die Rosenkreuzer in ihrer heutigen Form für eine gute und ehrliche Organisation.

❧

Kapitel 9
Die Prieuré de Sion

Eine der Geheimgesellschaften, die durch den überwältigenden Erfolg von Dan Browns Buch *Sakrileg* ins Blickfeld der Öffentlichkeit geriet, ist die Prieuré de Sion. Einige ewige Kritikaster behaupten, die Gruppe würde überhaupt nicht existieren, aber die Geschichte –, und ich –, sind anderer Meinung.

Wie wir bereits erfahren haben, gab es in Jerusalem zeitgleich mit den Tempelrittern einen katholischen Mönchsorden. Dies ist durch die Existenz einer päpstlichen Bulle bewiesen, in der es heißt, dieser Orden besäße Klöster und Abteien auf dem Berg Karmel in Palästina sowie Eigentum in Süditalien und Frankreich. Darüber hinaus wurde eine Organisation namens Prieuré de Sion 1956 bei der Unterpräfektur von Annemasse in Frankreich registriert.

Alle Probleme, die die Leute mit der Existenz der Prieuré de Sion haben, lassen sich direkt auf einen Mann zurückführen: Pierre Plantard, der offenbar quer durch Europa seine Lügenspur zog. Er soll Nazisympathisant und Antisemit gewesen sein, damit geprahlt haben, mit vielen Prominenten befreundet zu sein, und angeblich als Generalsekretär und später als Großmeister der Prieuré de Sion fungiert haben. Diese letzte Behauptung brachte Plantard eine Menge Scherereien ein.

Während seiner umtriebigen Tätigkeit für die Prieuré in den 1960er Jahren hat er offenbar Dokumente gefälscht, die auf das Fortbestehen der heiligen Blutlinie der Merowinger anspielen, einer Geschlechterfolge französischer Könige. Diese Dokumente wurden für das Buch *Der Heilige Gral und seine Erben* als Teil des Recherchematerials verwendet. Als die Autoren Michael Baigent, Richard Leigh und Henry Lincoln ihre Arbeit 1982 veröffentlichten, avancierte sie sofort zu einem Bestseller und regte weltweite Kontroversen an; im Mittelpunkt stand dabei die Behauptung, es gebe auch heute noch eine Abstammungslinie, die sich direkt zu Jesus Christus zurückverfolgen ließe.

Der Heilige Gral und seine Erben war bei seinem Erscheinen eine solche Sensation, dass die katholische Kirche das Buch auf den Index setzte. Später folgten Dan Browns *Sakrileg* (ein Roman, der von Baigents, Leighs und Lincolns Sachbuch inspiriert ist) und andere Schriften; sie alle vertraten die umstrittene These, die Nachkommen Jesu Christi hätten bis heute überlebt und die Prieuré de Sion hätte dieses Geheimnis bewahrt. Als Plantard Jahre darauf zugab, die Dokumente gefälscht zu haben, weil er die Illusion hatte erzeugen wollen, auch er sei ein Nachkomme der Merowinger, knöpften die Wissenschaftler sich *Der Heilige Gral und seine Erben* vor, denn dieses Buch hatte Quellen benutzt, die sich mehr oder weniger als falsch erwiesen hatten. Auch *Sa-*

krileg geriet ins Kreuzfeuer der Kritik, und neue Bücher wurden allein in dem Versuch geschrieben, die gesamte Prämisse als falsch zu entlarven.

Meinen Sie, damit wäre die Geschichte über Jesus und seine Kinder vom Tisch gewesen? Weit gefehlt – sie wurde sogar noch populärer. Denn die ganze Aufregung bewirkte eine Menge Publicity, sodass Scharen von christlichen Gelehrten auftauchten, um das zu verteidigen, was sie für einen Angriff auf die katholische Kirche, das Christentum und Jesus Christus höchstselbst ansahen. (Wie heißt es so schön bei *Hamlet*: »Die Dame, wie mich dünkt, protestiert zu viel.«)

Im Verlauf dieser hitzig und leidenschaftlich geführten internationalen Debatten wurden die wiedergefundenen Dokumente der Prieuré de Sion überprüft, und eine ganze Reihe von Leuten nahm schließlich Kontakt zu Pierre Plantard auf … der nur allzu gerne bereit war zu reden. Sehr schnell, nachdem Plantard beteuert hatte, er sei Teil der merowingischen Blutlinie, wurde bewiesen, dass seine Behauptungen falsch waren – und um das Ganze noch schlimmer zu machen, gab er schließlich zu, er hätte gemeinsam mit einem Komplizen die von Baigent, Leigh und Lincoln entdeckten Dokumente gefälscht, um seine Abstammungsversion zu beweisen. Plantard trat 1984 nach der öffentlichen Demütigung als Großmeister der Prieuré de Sion zurück und starb im Februar 2000. Nun könnte man meinen, die Kontroversen um den Orden wären nach Plantards Geständnis abgeebbt, aber Dan Browns *Sakrileg* ließ sie mit voller Wucht wieder aufflammen. Bis heute haben die Spekulationen nicht aufgehört.

Die Auseinandersetzung geht unter anderem deshalb weiter, weil die von Baigent, Leigh und Lincoln in der Nationalbibliothek in Paris aufgefundenen Dokumente zwar ohne weiteres als Fälschungen Plantards entlarvt wurden, trotzdem aber einen Funken Wahrheit zu enthalten scheinen ... und der führt zurück ins 12. Jahrhundert – und zum Orden von Sion. Die Frage ist nämlich: Woher hat Plantard die Informationen, die er in seinen Fälschungen verarbeitete? Glaubt wirklich irgendjemand, ein Gauner wie Pierre Plantard hätte dermaßen viel Zeit in diesen unglaublich komplexen Plot gesteckt, ohne davon auszugehen, dass er irgendwann einmal herauskommt? Würden die Dokumente immer noch in der Nationalbibliothek verstauben, wenn die Autoren von *Der Heilige Gral und seine Erben* sie nicht entdeckt hätten? Existiert die Prieuré de Sion noch, und wenn ja, war der ganze Wirbel um Plantard lediglich ein Ablenkungsmanöver, um ihre Aktivitäten zu verschleiern? Verschwörungstheoretiker sind dieser Meinung und sorgen dafür, dass das heiß umstrittene Thema weiterköchelt.

Ich habe im Zuge meiner Recherchen herausgefunden, dass Napoleon einst den Vatikan ausplünderte und ganze Kisten mit Informationsmaterial und Schätzen nach Frankreich schaffte. Angeblich hat die französische Regierung einen Teil davon zurückgegeben, aber zahllose so genannte Geheimdokumente soll sie behalten haben. Das könnte erklären, warum die Prieuré-de-Sion-Dokumente sich in der Nationalbibliothek befunden haben. Pierre Plantards Geständnis, er hätte sie dort hinterlegt, erschien mir nämlich von Anfang an ein bisschen verdächtig; gegen ihn liefen verschiedene Strafanträge – daher könnte es durchaus sein, dass er vielleicht ein falsches Geständnis ablegte, um mehr Publicity zu bekommen oder eine strafrechtliche Verfolgung zu vermeiden.

Was wir wirklich wissen

Hier also zunächst eine kurze Zusammenfassung von dem, was wir über den Orden von Sion wirklich wissen (den ich bereits in Kapitel 6 angesprochen habe). Eine Gruppe von Mönchen aus Kalabrien verließ 1090 die belgische Abtei Orval, um als Pilger ins Heilige Land zu reisen. Fünf Jahre später wurde zum ersten Kreuzzug aufgerufen, der 1099 damit endete, dass Jerusalem den Muslimen abgenommen wurde. Einer der Hauptverantwortlichen für den Erfolg dieses Unternehmens war Gottfried von Bouillon, der bereits erwähnte gottesfürchtige französische Ritter. Wie Sie sich erinnern werden, wählten die kalabresischen Mönche und andere Gottfried zum De-facto-König von Jerusalem, dieser lehnte den Titel aber ab und akzeptierte stattdessen den eines »Beschützers des Heiligen Grabes«. Er rief einen Zirkel von 12 Rittern ins Leben, der sich »Ritterorden vom Heiligen Grab zu Jerusalem« nannte und aus dem schließlich der Orden der Tempelritter hervorging (siehe Kapitel 6).

Weil die kalabresischen Mönche Gottfried – den sie
für einen Nachfahren der Merowinger und damit, über
Jesus und Merowech, auch für einen Nachfahren König
Davids hielten – unterstützt hatten, stellte dieser ihnen in
einer Abtei auf dem Berg Sion Räumlichkeiten zur Verfügung. Man nimmt an, dass diese Mönchsgruppe (die
jetzt Orden von Sion hieß) und die Männer, die später
als Tempelritter bekannt wurden, irgendwann zwischen
1099 und 1118 zu einer einzigen Organisation mit einer einzigen Führung wurden. Schriftliche Urkunden,
dass dem tatsächlich so war, gibt es zwar nicht, aber der
Orden von Sion bewohnte bis um 1291 herum – als Jerusalem von den Muslimen zurückerobert wurde – eine
Abtei auf dem Berg Sion. Auch die Tempelritter hatten
ihr Hauptquartier auf dem Berg Sion.

Das genaue Gründungsjahr der Tempelritter ist umstritten, aber 1139 wurde der Orden formell vom Papst
anerkannt; in *Der Heilige Gral und seine Erben* heißt
es, die Templer und der Orden von Sion wären bis zur
so genannten »Fällung der Ulme« 1188 in Gisors eng
verbunden geblieben. Auch die Geschichte der Templer
bezieht sich auf diese symbolische Ulmenfällung, und
als erster Großmeister der Prieuré de Sion wird Jean de
Gisors aufgeführt, der Herr über die Burg und das Land,
auf dem dieses Ereignis stattfand. Ich glaube nicht, dass
das ein Zufall war.

Die Trennung des Ordens von Sion von den Tempelrittern geschah offenbar im Guten, denn die beiden
Gruppen sollen noch jahrhundertelang Kontakt mitei-

nander gehabt haben. Man nimmt an, dass sie einiges an Informationen und Wissen austauschten und die Kommunikation zwischen ihnen auch nach der Teilung nicht abriss. Nachdem der Orden von Sion seine Abtei in Jerusalem verlassen hatte, existierte er noch ein paar hundert Jahre weiter, bis er schließlich im 17. Jahrhundert von den Jesuiten absorbiert wurde. Interessant ist in diesem Zusammenhang, dass die Jesuiten im 18. Jahrhundert von der katholischen Kirche verboten wurden, man sie aber im Jahr 1814 wieder zuließ. Könnte das am Einfluss des »geschluckten« Ordens von Sion gelegen haben?

Ich erinnere mich noch an die Zeit, als ich am College Theologie studierte und wir im Unterricht durchnahmen, dass die Jesuiten verboten worden waren und nun Gefahr liefen, von »Mutter Kirche« exkommuniziert zu werden. Und dann plötzlich waren sie wieder da und wurden akzeptiert. Wussten sie etwa zu viel? Oder verlief die ganze Geschichte nach dem Motto: »Behalt dir deine Freunde in der Nähe, aber diejenigen, die zu viel wissen, solltest du noch näher bei dir behalten.«? Die Jesuiten sind sehr gelehrt und brillant, und bis heute bin ich sicher, dass sie mehr wissen, als sie durchblicken lassen.

Es bestehen auch Querverbindungen zwischen dem Orden von Sion, der sich aus den Mönchen aus Kalabrien zusammensetzte, und den Karmelitern. Der heilige Berthold zum Beispiel, der Gründer der Karmeliter, stammte aus Kalabrien. Fra Filippo Lippi, ein Lehrer Botticellis, lebte in Kalabrien und war als »der Karmeliter« bekannt. Die heilige Thérèse von Lisieux war Karmeliterin, ebenso ihre Namensvetterinnen, die heilige Teresa von Avila, eine Mystikerin, und Mutter Thérèse de St. Augustin, die während der Französischen Revolution von Fanatikern ermordet wurde. (Ich stehe den Karmeliterinnen sehr nahe, weil meine liebe Freundin Schwester Emmanuel Mitglied des Klosters der Karmeliterinnen in Spokane im Staat Washington ist.)

Einiges deutet darauf hin, dass der Orden von Sion nach der Fällung der Ulme entweder komplett zur Prieuré de Sion wurde oder aber dass eine interne Spaltung stattfand, die zur Prieuré führte. Der *International Encyclopedia of Secret Societies and Fraternal Orders* von Alan Axelrod zufolge besaß die Prieuré de Sion neun Grade, die sich in verschiedene »Stufen« oder »Provinzen« teilten, welche der inneren Struktur der Tempelritter sehr ähnlich waren. Dass die beiden Gruppen etliche Jahre in unmittelbarer räumlicher Nähe zueinander residierten und in Personalunion geführt wurden, zeigt ihre enge Verbundenheit sehr deutlich. Auch die Freimaurer haben Strukturen, die sehr gut von der Prieuré übernommen sein könnten, was allerdings noch zu beweisen wäre. Obwohl manche Forscher sagen, die Anfänge der Prieuré de Sion lägen in heidnischen Glaubensvorstellungen, zeigt die Geschichte, dass der Orden erklärtermaßen katholisch war, obwohl er in vielen Fragen des Dogmas von der Kirche abwich.

Den Dokumenten zufolge, die in der Nationalbibliothek in Paris entdeckt wurden, umfasst die lange Liste der Großmeister der Prieuré einige sehr berühmte Leute.

Aufgeführt werden unter anderem René d'Anjou, Nicholas Flamel, Alessandro Filipepi (besser bekannt als Botticelli, der gefeierte Renaissance-Maler), Leonardo da Vinci, Robert Fludd, Johann Valentin Andreae, Robert Boyle, Isaac Newton, Charles Radclyffe, Charles II. de Lorraine-Guise, Charles Nodier, Victor Hugo, Claude Debussy und Jean Cocteau.

Interessant ist, dass Leonardo da Vinci offenbar ein besonderes Faible für Johannes den Täufer gehabt zu haben scheint. Außerdem gibt es Hinweise darauf, dass die Prieuré de Sion und die Tempelritter stark am »Johannismus« interessiert waren (dem Glauben, nach dem Johannes der wahre Messias gewesen ist und Jesus ein falscher, obwohl manche auch meinen, beide wären Heilande gewesen). Angeblich hat jeder Großmeister der Prieuré den Namen *Jean* (französisch für »Johannes«) als Zeichen der Ehrerbietung gegenüber Johannes dem Täufer angenommen. Ich persönlich glaube, dass dies als Anerkennung ihrer frühen Wurzeln in der jüdisch-christlichen (gnostischen) Philosophie zu werten ist.

Der Glöckner von Notre Dame: eine Allegorie?

Folgende Geschichte klingt überaus faszinierend: Im Zuge der Recherchen zu diesem Buch bin ich immer wieder auf den Namen Victor Hugo gestoßen, meist in Verbindung mit der Prieuré de Sion.

Viele von Ihnen wissen, dass mein akademischer Hintergrund die Literatur und die Theologie ist; und Victor Hugo hat natürlich den berühmten Roman *Der Glöckner von Notre Dame* geschrieben. *Notre Dame* bedeutet »unsere Dame«, und ich finde es überaus interessant, dass Hugo diese Kirche als Schauplatz seiner Geschichte ausgesucht hat; verneigt dieser angebliche Großmeister der Prieuré de Sion sich damit vielleicht vor Maria Magdalena? Wenn Sie anfangen, »über den Tellerrand hinaus zu denken«, bekommt diese Geschichte eine vollkommen neue symbolische Bedeutung. Es sieht tatsächlich ganz danach aus, als hätten viele berühmte Schriftsteller Geheimnisse bewahrt, die sie in ihren Werken durch Symbole oder Andeutungen tarnten …

Wenn Sie Hugos Buch nicht gelesen haben, können Sie seinen Inhalt auch aus der Verfilmung mit Charles Laughton und Maureen O'Hara erfahren. Es ist ein sehr guter Film, aber noch besser ist es, Sie lesen die Geschichte, denn sie verrät mehr Geheimnisse über Notre Dame. Lassen Sie mich die wichtigsten Punkte kurz darstellen.

Ein Kind wird 1482 auf den Eingangsstufen zur Kathedrale Notre Dame ausgesetzt, weil es missgebildet ist. Der Junge wird von einem vermeintlich freundlichen Dompropst aufgenommen und wächst zu Quasimodo heran, einem Buckligen mit grotesk entstelltem Gesicht und großem Herzen. Er darf in Notre Dame bleiben, um die Glocken zu läuten, wodurch er schließlich auch noch taub wird. Sein einziges Zuhause ist die Kirche, und von ihren hohen Balustraden aus sieht er Esmeralda, ein wunderschönes junges Zigeunermädchen, und verliebt sich in sie. Obwohl ihm klar ist, dass seine Liebe ob seiner Hässlichkeit hoffnungslos ist, himmelt er Esmeralda trotzdem aus der Ferne an.

Könnte es sein, dass Victor Hugo das, was in der katholischen Kirche hässlich und verborgen ist, durch die Figur eines missgestalteten und tauben Buckligen darstellt, der sich verstecken muss, weil die Masse des Volkes damals so abergläubisch war, dass sie alles Abnorme für böse hielt? Esmeralda, die die Unschuld verkörpert (und damit Maria Magdalena symbolisiert, wenn nicht sogar das weibliche Prinzip einer Muttergottheit an sich), wird von dem Dompropst begehrt. Dieser versucht daraufhin, sie von Quasimodo entführen zu lassen. Das Komplott misslingt, und Quasimodo wird gefangen genommen und verurteilt. Während er seine Strafe verbüßt, bietet Esmeralda ihm aus Mitgefühl Wasser an, wodurch Quasimodo sie noch lieber gewinnt. Der von seiner Begierde überwältigte Dompropst ersticht unterdessen einen Verehrer Esmeraldas, beschuldigt jedoch sie des versuchten Mordes. Sie wird für schuldig erklärt und zum Tod durch den Strang verurteilt. Quasimodo, der Glöckner von Notre Dame, rettet sie vor dem Tod durch Erhängen, bringt sie zum Glockenturm und fordert Kirchenasyl für sie.

Klingt das nicht nach einer perfekten Analogie für das, was zu jener Zeit in der Kirche passierte? Die Öffentlichkeit wusste nichts von der Wahrheit über die Kirche (und dachte auch gar nicht über sie nach), und deshalb versuchte Hugo ihr in der Symbolsprache mitzuteilen, dass »die Dinge nicht immer so sind, wie sie aussehen«.

Im weiteren Verlauf der Geschichte wird der Dompropst noch einmal von Esmeralda zurückgewiesen; er erreicht schließlich, dass das Kirchenasyl aufgehoben und sie zum Hängen an das Volk übergeben wird. Quasimodo versucht sie zu beschützen, aber Esmeralda wird hingerichtet, und Quasimodo erkennt nun den wahren Charakter des Domprobstes. Er stürzt ihn daraufhin vom Dach des Glockenturms in den Tod; sich selbst schließt er in Esmeraldas Grab ein, wo er ebenfalls stirbt ... nicht gerade ein Happyend.

Die meisten Literaturwissenschaftler loben das Buch wegen seines Mitgefühls in den höchsten Tönen und sehen es vor allem als ein moralisches Werk, das die Menschen lehren soll, freundlich zu denjenigen zu sein, die weniger Glück im Leben haben. Die offenkundige Wahrheit aber scheint niemand zu sehen, obwohl Hugo viele Hinweise in das Buch eingeflochten hat: Da sind der scheinheilige Dompropst Frollo, den Fleischeslust und Machtgier auffressen (die katholische Kirche); das unschuldige Mädchen (Maria Magdalena); der missgestaltete Glöckner (die Hässlichkeit, die sich in der Kirche verbirgt); der Glöckner stürzt den Dompropst vom Turm (der Triumph der Wahrheit über die Lügen der Kirche).

Hugo versuchte die Tatsache zu formulieren, dass der äußere Schein der Kirche keinesfalls ihre Wirklichkeit wiedergibt. Er wollte eine Botschaft vermitteln, die vielleicht nur die Prieuré de Sion kannte; aber wie Leonardo da Vinci hoffte er, dass irgendwann einmal jemand durch diesen Schleier aus Symbolen hindurchblicken und die Geheimnisse zutage fördern würde, die die Kirche verbarg.

Das Geheimnis von Rennes-le-Château

Hier eine weitere mysteriöse Geschichte, die Sie sicher interessieren wird. Im Jahr 1885 wurde Bérenger Saunière zum Gemeindepfarrer von Rennes-le-Château in Südfrankreich bestimmt; die dortige Dorfkirche war im Jahr 1059 Maria Magdalena geweiht worden (vermutlich aufgrund der Tatsache, dass viele glaubten, sie hätte nach der Kreuzigung Jesu dort gelebt). Ich halte es für ein kleines Wunder, dass es überhaupt ein religiöses Bauwerk gibt, das ihren Namen trägt, vor allem wenn Sie sich klarmachen, dass sie in der katholischen Kirche zu jener Zeit kein großes Ansehen genoss.

Es heißt, Abbé Saunière sei sehr arm gewesen, bis er um 1887 herum in einem hohlen Pfeiler in der Kirche ein oder vier (die Angaben schwanken) verborgene Dokumente fand. Nachdem er das Material gelesen hatte, begann er in der Kirche zu graben und enträtselte angeblich eine verschlüsselte Inschrift auf dem außerhalb der Kirche auf dem Friedhof gelegenen Grab der Marie de Negre d'Ables, Herrin von Blanchefort. Anschließend begab er sich nach Carcassonne und sprach mit dem Stellvertreter des Bischofs, der dort residierte.

Nach dieser Beratung änderten sich die Vermögensverhältnisse von Pfarrer Saunière schlagartig. Er erhielt große Geldsummen und begann, die Kirche in einem überladenen, fast protzig zu nennenden Stil umzugestalten. Viele fragen sich, warum er die Kirche gerade auf diese Weise renovierte. Über dem Türsturz des Vorbaus befindet sich die bizarre Inschrift: »Dieser Ort ist schrecklich«; eine Statue des Dämons Asmodeus »bewacht« die Tür; und die Tafeln, die die Stationen des Kreuzwegs darstellen, zeigen merkwürdige Abweichungen von der Norm. Zum Beispiel finden sich da: ein Kind mit Windeln im Schottenmuster; Pontius Pilatus mit Schleier; Josef und Maria mit jeweils einem Christuskind im Arm (wie um anzudeuten, der Sohn Gottes hätte einen Zwillingsbruder gehabt); und ein Jesus, der des Nachts zu seinem Grab hin- (oder von ihm weg) gebracht wird.

Die große Frage ist jedoch, wie Saunière zu dem vielen Geld gekommen ist. Manche sagen, er hätte es durch den Verkauf von Messen bekommen (ein Ablasshandel, den die Kirche nicht gerne sah). Solche Methoden waren für viele Priester tatsächlich eine lukrative Einnahmequelle, aber Saunières Gemeinde war sehr arm, und er reiste nicht großartig herum; wo hätten die wohlhabenden Gönner also herkommen sollen? Die Unmenge des Vermögens, das er in sehr kurzer Zeit anhäufte, weist auf eine andere Quelle hin. Ist es ein Zufall, dass er unmittelbar nach einem Besuch bei seinen Vorgesetzten so reich wurde? Entdeckte er etwa ein wichtiges Geheimnis und erpresste damit die religiösen Instanzen, oder fand er beim Graben in der Dorfkirche einen Schatz? Der Pfarrer weigerte sich, die Quelle seines Wohlstands irgendjemandem außer seiner langjährigen Haushälterin zu verraten, die später einen Schlaganfall erlitt und starb, ohne das Geheimnis aufdecken zu können.

Als Saunière selbst 1917 verschied, behaupteten auf einmal viele, er hätte die katholische Kirche erpresst, denn der Priester, der ihm auf dem Sterbebett die Beichte abnahm, weigerte sich, ihm die Absolution zu erteilen und die letzte Ölung zu spenden. Die Quelle von Saunières plötzlichem Reichtum ist nie zur Zufriedenheit geklärt worden und bleibt bis heute ein Geheimnis. (Es mutet fast ironisch an, dass er offenbar alles, was er bekommen hatte, ausgab, denn er starb als armer Mann.)

Die Gegend um Rennes-le-Château ist dank Pfarrer Saunière zu einer bekannten Touristenattraktion geworden. Auch andere Mysterien stellen die Besucher vor Rätsel, zum Beispiel:

• Lebte Maria Magdalena in jener Gegend, und ist sie dort sogar bestattet?

• Lebte Christus dort mit ihr, und ist er ebenfalls dort bestattet?

• War/ist dort ein großer Schatz der Tempelritter versteckt, und hat Saunière ihn gefunden?

Pierre Plantard verknüpfte in seinen Dokumenten die Prieuré de Sion mit Rennes-le-Château, aber wenn die Papiere gefälscht waren, ist ihnen kein großartiges Gewicht beizumessen. Die einzige Verbindung zum Orden von Sion, die ich finden konnte, hat mit den Tempelrittern zu tun, denn sie kontrollierten den Landstrich eine

Zeitlang. Es wurde auch behauptet, nach der (bereits erwähnten) Ulmenfäll-Geschichte, bei der die zwei Gruppen definitiv zu eigenständigen Gesellschaften wurden, wären die Templer sehr damit beschäftigt gewesen, ihren Reichtum und ihren Besitz zu mehren, während der Orden von Sion die ursprünglich gemeinsamen Ziele auf eher »spirituelle« Weise verfolgte, obwohl niemand das mit Sicherheit sagen kann. So bleibt das Geheimnis von Rennes-le-Château weiterhin im Dunkeln.

Wo Rauch ist, ist auch Feuer

Keine Frage, Menschen haben eine Schwäche für Geheimnisse. Denn haben nicht ein spannender Fall und seine Lösung ein ganzes Genre von Kriminalromanen hervorgebracht, die begierig rund um den Globus gelesen werden? Und wenn die Menschen einem Thriller aus dem wirklichen Leben begegnen, holen sie erst recht alles aus ihm heraus. Genau das passiert derzeit überall auf der Welt. Vom Geheimnis von Béranger Saunière und Rennes-le-Château über die kleine Rosslyn-Kapelle in der Nähe von Edinburgh in Schottland mit ihren herrlichen Templer-Kunstwerken bis zu den angeblichen Codes in der Kunst Leonardo da Vincis und in Kirchen und Kathedralen überall auf der Welt haben Dan Brown und andere Autoren eine der größten Kontroversen unserer Zeit ausgelöst ... und die ganze Welt wartet gierig auf mehr. Meine Großmutter pflegte zu sagen: »Wo Rauch ist, ist normalerweise auch Feuer.« In diesem speziellen Fall gab es wahrlich eine Menge Rauch, so dass wir mit Sicherheit die Glut finden, die von der Prieuré de Sion entfacht wurde.

Ich habe schon angemerkt, dass die Untersuchung der verschiedenen Geheimgesellschaften und ihres Wissens deshalb extrem schwierig ist, weil die ursprünglichen Gruppen im Lauf der Jahre so viele Ableger hervorgebracht haben und es außerdem laufend Überschneidungen zwischen den Gruppen gab. Die Prieuré de Sion, Tempelritter, Katharer, Rosenkreuzer und Freimaurer sind miteinander vernetzt; es existieren genügend Belege, dass Mitglieder dieser Organisationen immer wieder Kontakt miteinander hatten und sich gegenseitig beeinflussten.

Die vermutlichen Großmeister der Prieuré de Sion haben in den oben aufgezählten Gruppierungen intensiv mitgemischt. Ich habe zum Beispiel festgestellt, dass Robert Fludd ein führender Vertreter des esoterischen Denkens und angeblich einer jener Männer war, die hauptverantwortlich dafür waren, dass das Rosenkreuzertum nach England kam. Sowohl Robert Boyle als auch Isaac Newton beschäftigten sich intensiv mit Alchemie und waren Mitwissende des Ordens. Charles Radclyffe förderte den »Schottischen Ritus« der Freimaurerei, auch war er ein enger Freund von Andrew Ramsay, der selbst ein guter Freund Newtons war. Charles II. de Lorraine-Guise war der erste europäische Fürst, der Freimaurer wurde. Charles Nodier fungierte als Mentor von Victor

Hugo, Honoré de Balzac und anderen, die sich auf die esoterische und hermetische Tradition bezogen. Claude Debussy war ein festes Mitglied der symbolistischen Zirkel, zu denen auch Oscar Wilde, W. B. Yeats und Marcel Proust gehörten. Jean Cocteau verkehrte in royalistischen katholischen Kreisen, aber seine Kirchenrenovierungen zeigten Rosenkreuzer-Themen. Sie alle waren nicht nur ehemalige Großmeister der Prieuré de Sion, sondern auch eingebunden in esoterische Weltanschauungen und die Gesellschaften, von denen diese verkündet wurden (Rosenkreuzer, Freimaurer usw.).

Ich bin mir nicht sicher, ob die Prieuré de Sion heute noch als die Gruppe existiert, die Pierre Plantard der Öffentlichkeit präsentierte. Es mag sein, dass ihre Ziele oder Absichten in einer anderen Organisation oder Geheimgesellschaft weiterleben, aber ich glaube, dass ihre Mitglieder um 1617 von den Jesuiten absorbiert wurden. Wenn die Prieuré bis heute überdauert hätte, wäre sie dazu nur als extrem geheime Sekte in der Lage gewesen und hätte nach ihrer Abspaltung unter einem anderen Namen agieren müssen.

Kapitel 10
Opus Dei

Die katholische Organisation Opus Dei wurde 1928 im spanischen Madrid von dem römisch-katholischen Priester Josemaria Escriva gegründet; ihre Mission besteht in der Verbreitung der Botschaft, dass jeder dazu aufgerufen ist, ein Heiliger und ein Apostel Jesu Christi zu werden, und dass das Leben ein Weg zur Heiligkeit ist. Der formelle Name der Gruppe lautet »Prälatur vom heiligen Kreuz und Werk Gottes«, aber gewöhnlich wird sie kurz *Opus Dei* genannt, was der lateinische Begriff für »Werk Gottes« ist.

Jahre nach der Gründung wurde das Opus Dei von Papst Johannes Paul II. zur Personalprälatur erhoben und ist damit Teil der institutionellen Struktur der Kirche. Tatsächlich befürworten viele Kirchenführer die ihrer Meinung nach innovativen Lehren der Gruppe – ganz abgesehen von ihrer absoluten Treue gegenüber der Kirche –, durch die sie (hoffentlich) in der Lage sein wird, die Probleme in der Welt zu lösen. Trotzdem ist die Vereinigung oft der Geheimniskrämerei, ultrakonservativer Überzeugungen, politisch rechts stehender Ziele und sogar sektenähnlicher Methoden bei der Behandlung ihrer Mitglieder beschuldigt worden.

Nebenbei bemerkt, existieren einige Gruppen, die sich Wachsamkeit zur Aufgabe gemacht haben und sogar Amway und andere Netzwerk-Marketing-Organisationen sowie Charismatiker und Pfingstkirchen als Sekten auflisten. Das mag zwar lächerlich scheinen, aber es zeigt andererseits, dass offenbar alle Arten von Zusammenkünften, religiös oder nicht, zu einer Sekte werden können. Dies kann überall passieren, auch mit den besten Absichten, denn sobald das menschliche Ego sich einmischt, werden die simpelsten Lehren verkompliziert. Das Christentum ist hierfür das beste Beispiel – die Religion folgt eigentlich nicht den Worten Jesu Christi, sondern verpasst ihnen ihre eigene Interpretation.

Wie dem auch sei, das Opus Dei geriet durch Dan Browns *Sakrileg* ins Licht der Öffentlichkeit; der Autor tituliert die Gruppe nämlich auf der ersten Seite seines »Fakten« verbreitenden Romans als »katholische Sekte«. Brown spinnt daraufhin eine Geschichte aus, in der die fanatische Hingabe eines Mitglieds der Gruppe und der Eigennutz ihres Anführers von einem mysteriösen Bediensteten für finstere Motive ausgenutzt werden. Brown erklärte dazu, sein Porträt des Opus Dei würde auf Interviews mit aktuellen und ehemaligen Mitgliedern sowie auf verschiedenen Büchern über die Organisation beruhen.

Wir wissen natürlich, dass *Sakrileg* in ein Wespennest gestochen hat, welches das Opus Dei und den Vatikan bis heute ganz schön auf Trab hält. In Reaktion auf die Debatte formulierte Marc Carroggio, der Pressesprecher des Opus Dei, eine »Friedenserklärung«, die sich an Dan Brown und seinen Verleger richtete, während andere christliche Gelehrte das Werk entweder für ein Produkt vorsätzlicher Unwissenheit oder aber zielgerichteter Böswilligkeit hielten. Ich möchte hier jedenfalls eine Sache ganz deutlich machen: Viele Leute haben offenbar völlig aus den Augen verloren, dass *es sich bei dem Werk um einen Roman handelt*! Schriftsteller haben schließlich die Freiheit und die literarische Erlaubnis, ihren eigenen Standpunkt darzulegen. Ich selbst bin Sachbuchautorin und habe daher stets nach Kräften versucht, meine Worte mit Beweisen zu untermauern, aber ein Romanautor braucht das nicht zu tun (obwohl ich glaube, dass die meisten dennoch versuchen, ihre Fakten in einen logischen Zusammenhang zu bringen, und zu dieser Kategorie zähle ich auch Mr. Brown).

Denjenigen, die meinen, dem Opus Dei wäre übel mitgespielt worden, kann ich nur mitgeben, dass auch Dan Brown selbst jede Menge Gehässigkeit auf sich gezogen hat, denn eine ganze Phalanx von Autoren hat in der Folge versucht, ihn und seine Arbeit bloßzustellen. Christliche Gelehrte und Historiker haben sein Werk und seine Recherchen scharf kritisiert, aber ich für meinen Teil (und, wie ich hinzufügen möchte, Millionen anderer Leser) fanden *Sakrileg* überaus unterhaltsam. Obwohl *ein paar wenige* Fakten oft das Grundgerüst eines Romans bilden, wäre es absurd zu erwarten, dass ein Romanschriftsteller für Recherchen ebenso viel Zeit aufwendet wie ein Wissenschaftler, und unter diesem Aspekt sollte das Ganze gesehen werden. Ich habe die Erfahrung gemacht, dass Menschen, die sich in ihrem Glauben stark fühlen, nicht Zeter und Mordio zu schreien und ihre Angreifer zu kritisieren brauchen; nur diejenigen, die in ihren Überzeugungen unsicher sind, schlagen – manchmal auf überaus niederträchtige Weise – zurück.

Was ist das für eine Gesellschaft?

Der Vatikananalytiker John L. Allen jr. hat aufgrund der gegen das Opus Dei gerichteten Kritik die Organisation vor Kurzem durchleuchtet und ist zu dem Schluss gekommen, dass viele ihrer Ideen missverstanden werden, weil sie relativ neu sind – aber er bemerkte auch, das Opus Dei sei die umstrittenste Kraft innerhalb der katholischen Kirche. Und Dr. Massimo Introvigne (ein konservativer katholischer Gelehrter und Religionsspezialist) sagte 1994, die Organisation sei nur deshalb zur Zielscheibe geworden, weil sie als säkulare Vereinigung »zur Religion zurückkehren« wolle. Das verstehe ich schon deshalb nicht, weil ich nicht glaube, dass die Religion je weg war. Ich nehme an, es soll einfach heißen, dass die meisten säkularen Vereinigungen die Religion im privaten Rahmen praktizieren, während das Opus Dei sie sozusagen öffentlich macht.

Wenn Sie über gewisse Zitate von Gelehrten und angeblich studierten Männern stolpern, kann ich verstehen, dass Sie anschließend denken: *»Was zum Teufel bedeutet* *das nun wieder?*« Papst Johannes Paul II. erklärte zum Beispiel einmal: »Diese Institution hat sich in der Tat seit ihren Anfängen bemüht, das Zentrum der Erleuchtung in der Kirche und in der menschlichen Gesellschaft nicht nur zugunsten der Laien zu verschieben, sondern gleichzeitig die Lehre von der allgemeinen Berufung zur Heiligkeit in die Tat umzusetzen sowie die Heiligung der Arbeit in allen Bereichen der Gesellschaft zu fördern.« Wenn Sie diese Aussage problemlos verstehen, sind Sie eine ganze Ecke intelligenter, als ich es je sein werde!

Zur Verwirrung trägt bei, dass das Opus Dei anscheinend zwar Mitglieder mit bemerkenswerten akademischen Fähigkeiten anwerben möchte, andererseits aber auch an den »Wert der Familie« und die Unterordnung der Frau zu glauben scheint. Nicht zu hinterfragender Gehorsam (sehr nützlich für totalitäre Regierungen!) und ein hohes Maß an regulierender Kraft durch die Kirche sind ebenfalls Teil ihres Glaubensbekenntnisses. Das *Schräg*gedruckte in der folgenden Aufzählung sind die Worte des Opus Dei; meine Kommentare habe ich in Klammern gesetzt:

1. *Heiligkeit im Alltagsleben: Alle Christen sind kraft der Taufe Mitglieder von Gottes Familie und daher zu einem Leben in Heiligkeit berufen.* (Was bedeutet, dass *ihre* Religion, wie in so vielen anderen Fällen, die einzig Richtige ist. Das ist keine Kritik; aber jede Religion ist stets der Meinung, nur sie wäre im Besitz der Wahrheit. Spiritualität dagegen lehrt, dass jedem frei steht, an das zu glauben, was er für sich am besten hält.)

2. *Egal welche Arbeit Christen verrichten, sie tun sie so gut und professionell wie möglich als effizienten Dienst an den Bedürfnissen der Gesellschaft; sie arbeiten aus Liebe zu Gott und zu allen Männern und Frauen.* (Diesen Absatz kann ich unterschreiben, solange er nicht mit weiteren Bedingungen verknüpft ist. Mit anderen Worten: Wir sollten immer Gutes tun, aber nicht nur in der Form, dass wir große Kirchen bauen. Bauen wir stattdessen Wohnungen für Senioren, Kinder, Obdachlose – würde das Gott nicht zur Ehre gereichen?)

3. *Liebe zur Freiheit: Christen sollten persönliche Freiheit lieben, sowohl ihre eigene als auch die aller Männer und Frauen. Gottes Sohn selbst hat, als er Mensch geworden ist, menschliche Freiheit auf sich genommen. Als Mensch gehorchte er sein ganzes Leben und sogar bis in den Tod hinein dem Willen seines Vaters. Durch freiwillige Entscheidungen lenkt jeder Mensch sein Leben auf die ewige Vereinigung mit Gott hin, oder auf die ewige Trennung von ihm.* (Ich glaube, dass Sie Ihren – schwierigen, einsamen oder einfachen – Weg wählen, um Gott zu preisen und für Ihn zu lernen, denn wir sind ein Teil von Ihm. Insofern war es vorherbestimmt, dass Jesus die ihm zugedachte Prophezeiung erfüllte. Ich glaube auch nicht, dass es eine »ewige Trennung« gibt, denn am Schluss werden sogar die Bösen in unseren allliebenden Gott zurückintegriert.)

4. *Gebet und Kasteiung: Liebe das Wesen der Heiligkeit durch ständiges kindliches Beten.* (Beten *hat* Kraft,

aber Sie können das Beten »leben«, indem Sie Gutes tun.) *Lies die Heilige Schrift und verehre die Jungfrau Maria.* (Welche Heilige Schrift ist hier gemeint? Ich nehme an, die Rede ist von der Bibel, aber den meisten Forschern ist mittlerweile klar, dass sie von der frühen Kirche stark bearbeitet wurde, und ich glaube nicht, dass die Anhänger anderer Religionen die Bibel als die einzig existierende »Heilige Schrift« betrachten. Die frühe Kirche sagte auch, Christus sei von einer »Jungfrau« geboren worden, erkannte Maria aber erst im 3. ökumenischen Konzil heilige Eigenschaften zu – da wurde sie nämlich zur *Theotokos,* zur »Gottesgebärerin« bzw. »Gottesmutter« erklärt. Die Kirche brauchte auch lange, bis sie die »Unbefleckte Empfängnis« vollständig anerkannte, was schließlich 1854 geschah, und die »Aufnahme Mariä in den Himmel« wurde erst 1950 zum Dogma. Mit anderen Worten: Sogar die katholische Kirche führte über Maria lange Debatten.) *Kasteiung, »Gebet der Sinne«, geschieht vor allem durch das ständige Bemühen, alle menschlichen Tugenden aus Liebe zu praktizieren.* (Von einigen Opus-Dei-Mitgliedern ist bekannt, dass sie die Selbstkasteiung praktiziert haben – eine Form des Büßens, die darin besteht, sich Dinge zu versagen, auf bestimmte Weise zu leiden oder sich körperliche Schmerzen zuzufügen. In dieser Hinsicht sind sie sicher nicht die Einzigen, denn die Angehörigen vieler Orden haben sich im Verlauf der Geschichte das Essen verkniffen; auf dem Boden, einem harten Bett oder sogar Nägeln geschlafen; ein Büßerhemd getragen; in Armut gelebt; sich gegeißelt; oder sich mit Folterinstrumenten selbst Schmerzen zugefügt. Sie dachten, durch ihre Schmerzen würden sie Gott ehren und für ihr sündiges Verhalten büßen. Bei einigen Gruppen ist die Selbstkasteiung auch heute noch üblich, was eine Schande ist, denn Jesus hat immer betont, unser Körper sei ein Tempel des Herrn. Ich glaube nicht, dass ein allliebender Gott die Ansicht vertritt, man solle ihm auf diese Weise huldigen.)

5. *Christen sollten den Tugenden der Barmherzigkeit, des Verständnisses, des Mitgefühls, der Höflichkeit und der Hilfe für die Bedürftigen höchste Priorität einräumen; sie sollten Menschen zu Gott führen, dem Ursprung für Frieden und Freude.* (Mein vollstes Einverständnis!)

6. *Leben aus einem Guss: Ein Christ, der Gott sucht, nicht nur in der Kirche, sondern auch in den allermateriellsten Dingen, führt kein Doppelleben – kein Glaubensleben, das von der täglichen Arbeit getrennt ist. Vielmehr hat er ein Leben aus einem Guss.* (Dem stimme ich zu, solange nicht der Materialismus das Leben eines Menschen beherrscht. Das katholische Dogma verlangt außerdem, dass Sie in die Kirche gehen.)

Pater James Martin, ein Jesuit und Mitherausgeber des *America Magazine*, mokiert sich über diese Leitsätze mit den Worten:

»Sie reichen von traditionellen frommen Bräuchen der Katholiken bis hin zu Redensarten, die aus *Poor Richard's*

Almanack* stammen könnten.« Solche Miesmacher wird es natürlich immer geben, aber es ist ungewöhnlich, dass jemand, der derselben Konfession angehört, sich derart kritisch äußert.

John Allen jr. jedenfalls berichtet, dass Opus Dei trotz der Kritik an der Organisation rund 90 000 Mitglieder zählt. Weiter schreibt er: »Dem Gesamteindruck nach scheint die Interpretation der Fakten über das Opus Dei davon abzuhängen, welche Einstellung zur Spiritualität, zum Familienleben und zur religiösen Berufung jemand mitbringt.« Allen gibt an, Opus Dei würde zwar beschuldigt, seine Mitglieder durch einen minutiös geregelten Tagesablauf und interne Beichtväter stark zu kontrollieren, die breite Mehrheit derjenigen, die er kennen gelernt habe, seien aber gesunde, ausgeglichene Menschen gewesen, die ihr eigenes Leben lebten und weder für sich selbst noch für andere eine Bedrohung waren.

Die meisten Opus-Dei-Mitglieder sind so genannte »Supernumerarier«, die etwa 70 Prozent der Gläubigen ausmachen. Supernumerarier sind im Allgemeinen verheiratete Männer und Frauen mit Familie, die ein normales Leben mit Beruf und Wohnung etc. führen und in ihrer Freizeit Opus Dei unterstützen. »Numerarier«, die weniger als 20 Prozent der Mitglieder ausmachen, sind Männer und Frauen, die sich aus apostolischen Gründen zum Zölibat verpflichten, in den Opus-Dei-Zentren

---

* 1732–1758 von Benjamin Franklin jährlich veröffentlichte, äußerst populäre Sammlung von Informationen und Lebensweisheiten. (A. d. Ü.)

leben und gewöhnlich Vollzeit für die Organisation arbeiten, z. B. im Bildungs- oder Verwaltungsbereich. Als »Auxiliarnumerarierinnen« werden jene Frauen bezeichnet, die die hauswirtschaftlichen Aufgaben in den verschiedenen Zentren ausführen. Eine weitere Kategorie bilden die »Assoziierten«, die über gewisse administrative Fähigkeiten zu verfügen scheinen. Die jungen Männer jedenfalls, die für die letzte und höchste Mitglieder-Gruppe, die »Priester«, ausgewählt werden, stammen aus den Reihen der Numerarier und der Assoziierten.

John Allen jr. gibt zwar an, das Vermögen des Opus Dei würde allein in den USA auf rund 344 Millionen Dollar geschätzt, aber im Vergleich zum jährlichen Einkommen der katholischen Kirche, das sich auf etwa 100 Milliarden Dollar beläuft, ist das ein Klacks. Obwohl Kritiker mehrfach herausgestellt haben, das Opus Dei sei enorm reich und würde sein Geld dazu verwenden, Einfluss und politische Macht zu vergrößern, gibt es nicht genug Fakten, die das beweisen würden.

Kritik und Bedenken

Alan Axelrod schreibt in *The International Encyclopedia of Secret Societies and Fraternal Orders*: »Als Personalprälatur ist das Opus Dei innerhalb der katholischen Kirche einzigartig. Es ist dadurch weitgehend von lokaler Kontrolle durch Gemeinden oder Bischöfe unabhängig, und manchen Autoren zufolge hat gerade diese fehlende

Kontrolle das Opus Dei tatsächlich zu einer Geheimgesellschaft gemacht.«

Kritiker führen an, das Ziel des Opus Dei sei eine fast
»mittelalterliche« Form des Christentums mit Unterstützung reaktionärer Regierungen und Regimes, solange
diese nominell katholisch sind. Eine der gründlichsten
Untersuchungen der Gruppe wurde von Michael Walsh
in seinem Buch *Die geheime Welt des Opus Dei* veröffentlicht. Darin bringt er die Vereinigung mit rechtsradikalen
politischen Bewegungen und den Skandalen um die Vatikanbank in den 1980er Jahren in Verbindung. Walsh gibt
an, das Opus Dei könnte versucht haben, sich dadurch
Seriosität zu erkaufen, dass es riesige Geldsummen in den
Vatikan pumpte, darüber hinaus sieht er es auch in zahlreiche andere Skandale verwickelt.

Ein weiterer Kritiker, der Österreicher Franz Schäfer,
hat einige außerordentlich interessante Argumente angeführt. Allerdings sollten Sie bedenken, dass es sich um
die Auffassung eines einzelnen Mannes handelt – ich lege
sie hier dar, weil ich wie immer möchte, dass Sie sich Ihre
eigene Meinung bilden.

Schäfer sagt von sich, er sei Kommunist und sei früher
praktizierender Katholik gewesen. In der Vergangenheit
hat er in der Informatik gearbeitet, derzeit leitet er seine
eigene Internetfirma. Er ist außerdem in vielen politischen
Aktivistengruppen in Europa engagiert und für seine Arbeit auf diesem Gebiet bekannt. Viele bezeichnen ihn als
innigen Feind des Opus Dei, aber nach der Lektüre eines
Teils seiner Arbeit vertrete ich die Meinung, dass er viel-

mehr ein aufgeschlossener Skeptiker ist. Beispielsweise wirft er ein paar Fragen auf, die ebenso von mir stammen könnten oder zu denen ich zumindest einen Kommentar abgegeben hätte. Ich glaube, dass ich, was Religion und Politik angeht, ziemlich aufgeschlossen und tolerant bin, daher stören seine Ansichten mich keineswegs. (Und nebenbei gesagt bin ich zwar wirklich keine Kommunistin, glaube aber, dass die westliche Welt das »McCarthy-Bild«, das sie von dieser Partei hat, endlich über Bord werfen sollte – die Zeiten und Werte ändern sich, und die Kommunisten von heute sind nicht mehr die gleichen wie in der Stalin- oder Chruschtschow-Ära.)

Franz Schäfer sagt in seiner Publikation über das Opus Dei (www.mond.at/schaefer), jeder dürfe sein Material kopieren, es würde sich aber auch ständig weiterentwickeln (klingt für mich ziemlich vernünftig). Er ist felsenfest davon überzeugt, dass die Organisation eine fundamentalistische Sekte ist, die in einem katholischen Umfeld agiert; die Kirche streitet das ab, aber Schäfer versichert, dass Sie ihm garantiert zustimmen werden, wenn Sie erst gelesen haben, wie die Gruppe entstanden ist.

Schäfer steht vor allem dem Gründer des Opus Dei kritisch gegenüber, dem Priester Josemaria Escriva, der später von Papst Johannes Paul II. heilig gesprochen wurde (trotz zahlreicher Kritiker, wie ich hinzufügen möchte). Schäfer sagt, Escriva hätte faschistische Ansichten gehabt und ein großes Ego besessen, was zum Teil in Maria del Carmen Tapias Buch *Hinter der Schwelle. Ein Leben im*

Opus Dei ausgeführt wird. Schäfer zufolge behauptet Tapia, dass sie in Rom mehrere Jahre eng mit Escriva zusammenarbeitete, bis die beiden in Streit gerieten und sie für etwa sechs Monate ohne Kommunikation zur Außenwelt eingesperrt wurde (abgesehen von geschmuggelten Briefen). Nun können wir Tapias Behandlung als Strafe für Vergehen innerhalb des Opus Dei betrachten und ihr Buch als rachsüchtige Hetzkampagne gegen die Organisation ansehen (was einige durchaus tun), aber andere Dinge im Zusammenhang mit Escriva – insbesondere seine Schriften, die die Grundlage der Opus-Dei-Philosophie bilden – stimmen doch bedenklich.

Schäfer behauptet zum Beispiel, Escrivas Lehren, die sehr fundamentalistisch sind und keinerlei religiöse Toleranz zeigen, würden faschistische Ideologien enthalten. Die Richtlinien des Opus Dei und seines Gründers, die zum Teil der Öffentlichkeit vorenthalten werden, rufen die Mitglieder außerdem zu »blindem Gehorsam« auf; es heißt weiter, Escriva hätte seine Schriften als »Die Arbeit Gottes« tituliert. Schäfer schreibt auch, die Organisation würde durch wöchentliche »Gespräche«, bei denen die Mitglieder dazu gedrängt würden, ihre innersten Geheimnisse auszuplaudern, psychische Kontrolle ausüben.

Franz Schäfers Feldzug gegen Opus Dei begann offenbar, als ein Freund von ihm »von der Sekte verschluckt wurde« (so seine eigenen Worte) und er im Internet nach Informationen über die Gruppe suchte. Er gibt an, er habe damals nur sehr wenig gefunden (es muss eine

Zeitlang her sein, denn mittlerweile existiert jede Menge Material), deshalb begann er mit eigenen Recherchen zu dem Thema, denn er wollte verhindern, dass der »Sekte« noch jemand in die Falle ginge.

Schäfer meint, die Kirche hätte im Laufe der Zeit eine Menge dogmatischen Staub über die ursprüngliche Botschaft Jesu gestreut, und wie sollten wir angesichts der korrupten und blutigen Geschichte des Katholizismus annehmen, er wäre heutzutage perfekt? (In Anbetracht der jüngsten Kindesmissbrauchs- und Bankenskandale kann ich diesen Punkt verstehen, aber ich glaube auch, dass sogar gnostische Sekten »gekippt« sind und auf Entsagung, Zölibat und Kontrolle setzten – auch wenn solche Splittergruppen sich nicht lange hielten und nie von Verfolgung bedroht waren.) Er glaubt, dass Opus Dei das Wort Christi im Sinne seiner eigenen Ziele fehlinterpretiert, und ist überzeugt, dass die Gruppe auf einem erfolgreichen Weg ist, die Macht in der katholischen Kirche zu übernehmen. Er weist darauf hin, dass die Unterschiede zwischen den beiden täglich kleiner werden und dass Opus-Dei-Leute bereits viele Machtpositionen innerhalb der Kirche innehaben.

Schäfer glaubt ebenfalls, dass die meisten Menschen, die sich dieser Organisation anschließen, anständige und herzensgute Absichten verfolgen, Gott lieben und für Ihn Gutes tun wollen. Er gibt an, es würde sich dabei häufig um einflussreiche und überaus intelligente Menschen handeln, die die Möglichkeit haben, den Einfluss des Opus Dei in der Gesellschaft zu mehren und große

Summen zu spenden, die aber offenbar die faschistischen Beiklänge von Josemaria Escrivas Lehren nicht erkennen.

Franz Schäfer sagt auch (und ich bin derselben Meinung), dass wir die Fähigkeit zur Unterscheidung beweisen müssen, wenn es um religiöse Lehren geht, und dass es auf all unsere Fragen Antworten geben sollte, die dem wissbegierigen Geist zugänglich gemacht werden sollten. Ich stimme ihm auch darin zu, dass wir unseren Verstand benutzen müssen, um nicht an Gruppen zu geraten, die uns um unser gesamtes Geld oder Vermögen bringen, sich einen Messias ausgucken, uns dann zum Selbstmord nötigen, während wir auf ein Raumschiff warten, unser Leben und unsere Gedanken kontrollieren und strikten Gehorsam von uns fordern.

Ich glaube, wir sind auf dem richtigen Kurs, wenn wir unser rationales Denken, unseren gesunden Menschenverstand und unser angeborenes Gefühl für Richtig und Falsch einsetzen – und auf keinen Fall dürfen wir etwas davon an irgendeine Organisation abgeben, egal wie »heilig« sie zu sein scheint. Deshalb leite ich jeden Vortrag und jede schriftliche Arbeit mit der Aufforderung ein: »Nehmen Sie für sich mit, was Sie wollen, und lassen Sie den Rest beiseite, sonst schwingen Sie sich (was viele tun) zum einzigen Besitzer der Wahrheit auf.«

Ich stimme Herrn Schäfer zu, dass die elementaren Lehren Jesu ständig so interpretiert werden, dass sie allen möglichen Zielen christlicher Kirchen von Nutzen sind. Die einfache gnostische Botschaft »Tue Gutes« gerät da-

durch angesichts der Neigung der Menschen, die Dinge
zu verkomplizieren, völlig in den Hintergrund.

∽

Im Opus Dei gibt es die Vorstellung der »Gotteskind-
schaft«, was wohl bedeuten soll, dass wir ähnlich einem
Kind Gott vertrauen und anbeten sollen. Dieser Gedanke findet sich in dem von Josemaria Escriva verfassten
Grundlagenwerk der Organisation, bezeichnet als *Der
Weg*. Leider haben Mitglieder diese Aussage so verstanden, dass sie in allen Dingen fraglos der Leitung der
Gruppe folgen und im Grunde Anhänger einer Dikta-
tur sind. Sie machen keine Vorschläge, weil ihnen das
nicht erlaubt ist, und sind verpflichtet, wöchentliche
Gesprächsrunden zu besuchen, in denen sie den Oberen
ihre intimsten Gedanken offenbaren müssen.

Opus Dei wird oft deshalb als faschistisch bezeichnet,
weil Josemaria Escriva ein guter Freund des spanischen
Diktators Francisco Franco war; und in *Der Weg* heißt
es, »alles sollte der Kontrolle des Leiters unterstehen«.
Das Werk schreibt auch vor: »Ohne den Rat eines erfah-
renen Christen sollt ihr keine Bücher kaufen. [Wer legt
fest, was ein erfahrener Christ ist? Die Priester?] Es ist
einfach, etwas Nutzloses oder Schädliches zu kaufen. Oft
meinen die Leute, sie hätten ein Buch unter dem Arm,
aber es ist nur ein Buch aus Schmutz.«

Maria Tapia (Sie erinnern sich? Sie wurde zu Anfang
des Kapitels erwähnt) behauptete außerdem, Opus Dei

würde die private Post seiner Mitglieder lesen. Sie gab sogar an, sie habe Berichte über alle Teilnehmer an ihren wöchentlichen Gruppentreffen schreiben und diese ihren Vorgesetzten vorlegen müssen. Dann sei ihr von oben genau aufgetragen worden, was sie den einzelnen Mitgliedern, die ihr ihr Herz ausgeschüttet hatten, mitteilen sollte. Angeblich gibt es beim Opus Dei auch Spione, die in öffentlichen Chatrooms im Internet auf Patrouille gehen.

Mich überrascht immer wieder, dass Leute sich so täuschen lassen, dass sie meinen, eine Organisation wie Opus Dei würde im Bereich der Religion oder ihrer Lehren neue Wege gehen. Das Konzept, dass Laien aus »Berufung« extrem religiös leben, ist jedenfalls nicht neu, denn schon Jesus und andere Religionsführer haben es gelehrt; allerdings könnte man diese Gruppe mit ihrem Reichtum und ihrer Verheißung eines besseren Lebens im Himmel als recht elitär bezeichnen. Der letzteren Prophezeiung widerspreche ich sicher nicht, aber wir müssen uns auch klar machen, dass wir auf dieser Welt hier unten mit ihren vielen Schwierigkeiten und Unterschieden tolerant, freundlich und gesetzestreu sein, unsere Mitmenschen lieben und möglichst viele gute Taten vollbringen sollen, um uns und anderen zu helfen.

Der Einfluss des Opus Dei erstreckt sich auch auf unsere Alltagswelt: Statistiken zufolge, die 1979 vom damaligen Leiter des Ordens vorgelegt wurden, waren dessen Mitglieder bei 479 Universitäten, 664 Zeitungen, 52 Radio- und Fernsehanstalten, 38 Nachrichten- und

Werbeagenturen und 12 Filmproduktionsgesellschaften vertreten. Nun denn, können Sie sich vorstellen, wie viele Mitglieder mittlerweile in diesen Bereichen arbeiten ...

Und wo sind die Beweise?

Das Fazit für mich lautet: Opus Dei ist eine überaus konservative religiöse Organisation, ganz genauso wie die gesamte katholische Kirche (deshalb mochte der überaus konservative Papst Johannes Paul II. den Orden auch so). Die Gruppe ist nur eine von vielen säkularen Organisationen innerhalb der Kirche. Was mir viele der hier vorgestellten Informationen suspekt macht, ist der Mangel an konkreten Beweisen dafür, dass Opus Dei irgendetwas Böses oder Ungehöriges tut.

Mag sein, dass ich in dieser Hinsicht überempfindlich bin, denn auch über mich wurde auf Webseiten schon behauptet, ich sei tot, Millionärin, eine Schwindlerin und Hochstaplerin und keinesfalls ein Medium, und ich würde meine Bücher nicht selbst schreiben. Der erste und der letzte Vorwurf sind am leichtesten zu widerlegen: Ich bin ganz offensichtlich noch am Leben, und die von meiner Hand geschriebenen Originale meiner Bücher befinden sich in meinem Besitz. Und was die anderen Behauptungen betrifft: Ich verdiene gutes Geld, aber das meiste davon geht an meine Glaubensgemeinschaft oder als Gehalt an meine Angestellten. Und obwohl ich nicht in 100 Prozent der Fälle richtig liege, stehen meine Fähigkeiten wohl außer Frage, wie die erfolgreiche Beratung von Tausenden von Leuten beweist.

Ich weiß aus erster Hand, dass Gerüchte und Unwahrheiten durch die Luft schwirren wie die Vögel am Himmel, sobald jemand im Licht der Öffentlichkeit steht. Zur Ehrenrettung des Opus Dei muss ich daher erklären, dass seine Kritiker vielleicht ansatzweise recht haben, dass man aber, wie das alte Sprichwort sagt, nicht alles glauben sollte, was man liest oder hört. Ich bin sicher, dass es bei der Gruppe Kontrollen und Regeln gibt. Jede Organisation dieser Größenordnung hat Mitglieder, die nicht glücklich mit ihr sind. Dann ist dieser »Verein« einfach nichts für sie, und manche von ihnen tragen daraufhin die Information in die Öffentlichkeit, unangemessen behandelt worden zu sein.

ODAN (Opus Dei Awareness Network) ist eine von mehreren Hilfsorganisationen für ehemalige und aktuelle Mitglieder; der Verband gibt an, dass er seit 1991 mit Menschen überall auf der Welt in Verbindung steht, die den fragwürdigen Praktiken des Ordens ausgesetzt waren. ODAN hatte angeblich Kontakt zu ehemaligen und aktuellen Mitgliedern; deren Eltern, Geschwistern und Freunden; und zu Priestern, Bischöfen, Hochschulgeistlichen und Nachrichtenreportern der katholischen und der weltlichen Presse. Die von ODAN hergestellten Kontakte zeigen, dass diese Personalprälatur überall und immer wieder zu Kontroversen führte.

Ich bin weder für noch gegen Opus Dei, aber bei meinen Recherchen konnte ich nichts finden, das die Organisation mit Sekten oder niederträchtigen heimlichen Aktivitäten in Verbindung bringt. Hat sie Geheimnisse? Bestimmt, ebenso wie die Tempelritter, die Freimaurer und Skull and Bones, aber ich konnte keinen Beweis dafür finden, dass sie kontinuierlich irgendwelche Schandtaten verüben würde ... und ihre Aktivitäten spielen sich eindeutig nicht auf der gleichen Ebene ab wie die mancher anderer Geheimgesellschaften. Ja, der Gründer des Opus Dei hatte eine enge Beziehung zu Franco, aber für einen weiter gehenden Einfluss konnte ich keinen Beleg entdecken; ich konnte mitunter ganz allgemein sehr wenig politisches Engagement feststellen. Es stimmt auch, dass das Opus Dei am liebsten jeden zum Katholiken machen möchte, aber noch einmal: Welche Religion will nicht die »einzig Wahre« sein?

Im Gegensatz zu anderen verdeckt agierenden Gruppen (Templer, Maurer und andere) scheint das Opus Dei keinerlei Geheimnisse zu hüten. Die Gruppe scheint in ihren eigenen Reihen autonom und nur an heiligen Taten und Werken interessiert zu sein. Die Methoden mögen jenen, die mit ihnen in Berührung gekommen sind, fragwürdig erscheinen; und genauso wenig wie Scientology ist Opus Dei etwas für jeden. Als konservative Gruppe versucht es, seine Mitglieder möglichst stark zu kontrollieren, und vertritt die Meinung, dass dies in Ordnung sei. Wenn Sie nur ungern über sich bestimmen lassen, ist Opus Dei sicher nicht das Richtige für Sie.

Bei meinen Recherchen habe ich nichts finden können, das auf eine reale Bedrohung hinweist, etwa eine religiöse oder politische Machtübernahme (anders als bei anderen Geheimgesellschaften). Ich denke ohnehin, dass wir jeden die Religion ausüben lassen sollten, die er persönlich für den richtigen Weg hält, solange er keiner Gehirnwäsche unterzogen oder gegen seinen Willen zu Dingen gezwungen wird, solange er keine Bedrohung darstellt und solange er sich mit anderen verträgt (viele Mitglieder von Opus Dei scheinen mit ihrer Arbeit und ihrem Leben in Zölibat ganz glücklich zu sein). Schließlich ist das Prinzip der Glaubensfreiheit eine Grundlage unserer Verfassung.

Ich halte es nicht nur für erstaunlich, sondern geradezu für tragisch, dass die Vorfahren der amerikanischen Nation aus England fliehen mussten, weil sie von religiöser Unterdrückung frei sein wollten, nur um dann Gruppierungen zu bilden, die sehr viel mehr Regeln aufstellten als die Glaubensgemeinschaften in ihrem Herkunftsland. Die Puritaner zum Beispiel waren in jeder Hinsicht eine sehr strenge Gruppe – man sagte ihnen, wie sie sich anziehen und wann sie beten sollten, Frauen mussten ihren Männern gehorchen und so weiter. Merkwürdig – die Menschen wünschen sich, frei zu sein, machen dann eine Kehrtwendung um 180 Grad und bestehen auf der Einhaltung von Regeln, die oft strenger sind als das, was sie vorher hatten.

Ein Teil der Bevölkerung wird sich von den Organisationen mit besonders striktem, kontrollierendem Charakter immer angezogen fühlen, aber ich glaube trotzdem, die meisten von uns bevorzugen die Freiheit,

Gott auf ihre Weise anzubeten und zu lieben. Anführer und Gefolgsleute wird es wahrscheinlich immer geben, aber wenn Sie zu denen gehören, die andere anleiten, dann tun Sie es bitte mit Liebe und ohne Ihr Ego in den Vordergrund zu stellen. Und wenn Sie auf die Weisheit von jemandem vertrauen, der »über« Ihnen steht, dann sollten Sie sich in Ihrem Herzen und in Ihrem Verstand immer sicher sein, dass Sie das tun, was für Sie hundertprozentig richtig ist. Beim geringsten Zweifel sollten Sie Ihre Entscheidung unbedingt noch einmal überdenken.

☙

Teil III

Die dunkle Seite
der Verschwiegenheit

Kapitel 11
Die Illuminati

Der Begriff *Illuminati* – lateinisch für »die Erleuchteten« – wurde von verschiedenen Organisationen beansprucht, von denen einige real, andere erfunden sind. Heute bezieht er sich vor allem auf die bayrischen Illuminaten, einen Geheimbund, der sich angeblich verschworen hat, um die Nationalidentität der Länder und die katholische Kirche zu zerstören. Sein Ziel ist es, eine neue Weltordnung zu errichten (über die ich im nächsten Kapitel ausführlicher sprechen werde). Aber bevor wir dazu kommen, sollten wir uns ansehen, wie wenig wir über die Gruppen wissen, die sich im Lauf der Jahre als »Iluminati« bezeichnet haben.

Die Geburt einer mächtigen Bewegung

Während einige Vereinigungen den Namen *Illuminati* schon zur Zeit der alten Ägypter gebrauchten, möchte ich mich hier auf das erstmalige Auftauchen derartiger Gruppen in der christlichen Welt beschränken. Die »Brüder und Schwestern des freien Geistes« (die die These vertraten, Menschen könnten alles tun, was sie wollten solange ihre Seele mit Gott vereint und eine Sünde daher nicht möglich wäre), verwendeten den Begriff *Illuminati* im 14. Jahrhundert. Im 15. und 16. Jahrhundert nannte sich eine spanische Gruppe »Alumbrados« (*alumbrado* ist das spanische Wort für »erleuchtet« – die Gruppenzugehörigen meinten, die Erleuchtung käme von innen). Aber obwohl diese Gruppen denselben Begriff verwendeten, waren sie nicht die Vorläufer der bayrischen Illuminaten. Diese Ehre scheint ironischerweise einer islamischen Gruppe zuzukommen.

In den Bergen Afghanistans entstand im 16. Jahrhundert eine mächtige Vereinigung, die sich *Roshaniya* bzw. »die Erleuchteten« nannte und auf einem Geheimkult beruhte. Sie wurde von einem Mann namens Bayezid Ansari gegründet, der behauptete, seine Vorfahren hätten Mohammed höchstselbst nach seiner Flucht aus Mekka unterstützt. Ansari beharrte darauf, aufgrund dieser Hilfe sei ihm der Zugang zu den Mysterien der ismaelitischen Religion gewährt worden – und dies habe eine geheime Ausbildung mit eingeschlossen, die noch aus der Zeit stammte, als Abraham den Tempel von Mekka wieder aufbaute.

Ansari rief eine Schule ins Leben, in der er seine Anhänger in den übernatürlichen Lehren der Ismaeliten unterwies; jeder Kandidat musste eine Art Probezeit absolvieren, zu der Phasen stillen Meditierens gehörten, das so genannte *khilwat*. Während dieser kontemplativen Phasen sollte der Einzuweihende die Erleuchtung erhalten, die das höchste Wesen der Gruppe ausstrahlte … was auch die Lenkung der Welt mit Unterstützung einer Gruppe von vollkommenen Männern und Frauen beinhaltete.

Bayezid Ansari erhielt offenbar viel Rückendeckung von Kaufleuten und Soldaten, die seine Kassen füllten und seine Schule finanzierten – ebenso wie das teure, aber effiziente militärische und politische Spionagesystem, das er leitete. Als Ansari große Bekanntheit erlangt hatte, machte er seine Ansicht publik, nach welcher ein Jenseits wie das, an das die Allgemeinheit damals glaubte, nicht existieren würde. Mit anderen Worten: Nach dem Tod gebe es weder Belohnung noch Bestrafung, nur einen geistigen Zustand, in dem man im Wesentlichen »essen, trinken und fröhlich sein« könne. Weil Ansari nicht an irgendwelche göttlichen Konsequenzen glaubte, untermauerte er die Ziele der Roshaniya, Macht über die Welt zu erlangen, durch Grundsätze wie zum Beispiel die folgenden: »Werde mächtig, kümmere dich um dich selbst«; »Nur dem Orden gegenüber bist du zur Treue verpflichtet« und: »Alle Menschen, die sich nicht durch unser geheimes Zeichen ausweisen können, betrachten wir als unsere legitime Beute.«

Die Spur Adam Weishaupts

Der Roshaniya-Geheimorden bestand über hundert Jahre. 1776, rund 40 Jahre nach dem Tod seines letzten Anführers, gründete ein Mann namens Adam Weishaupt in Deutschland dann eine ähnliche Vereinigung. Weishaupt wurde in einem sehr konservativen und katholisch orientierten Teil seines Heimatlandes von den Jesuiten erzogen, später arbeitete er als Professor für Kirchenrecht an der Universität Ingolstadt.

Offenbar war Weishaupt von den Jesuiten und der Kirche im Allgemeinen enttäuscht, denn er übernahm die Lehren der antichristlichen Manichäer, mit denen er 1771 durch einen deutschen Kaufmann namens Kolmer in Berührung gekommen sein soll. (Der Manichäismus ist eine Religion, die im heutigen Iran durch den Propheten Mani gestiftet wurde. Seine Lehre ist ihrem Wesen nach dualistisch und geht davon aus, Licht und Finsternis würden sich unaufhörlich um jede einzelne Menschenseele streiten.) Er eignete sich außerdem die Ideen radikaler französischer Philosophen wie etwa Jean-Jacques Rousseau an und galt als sehr intelligenter junger Mann.

Irgendwann beschloss Weishaupt, dank seiner Ausbildung bei den Jesuiten könne er Macht erlangen, indem er eine Verschwörergruppe anführte; er wollte die Welt von der vermeintlichen Herrschaft der Jesuiten über die römische Kirche befreien und so den unverdorbenen Glauben der christlichen Eremiten-Märtyrer zurückbringen. Also gründete er den »Bund der Perfektibilisten« (von lateinisch *perfectibilis*: zur Vervollkommnung befähigt), der ursprünglich fünf Mitglieder hatte und bald in »Illuminaten« umbenannt wurde (worunter Weishaupt »intellektuell inspiriert« verstand).

Weishaupt wurde weder für Demut noch für Bescheidenheit berühmt, dafür aber für sein riesiges Ego und seine Urteilskraft, die er oft beiseite gelassen haben soll, um seine Ambitionen zu befriedigen. Er suchte die Hilfe der Freimaurer, und obwohl er 1777 in eine kleinere Loge aufgenommen wurde und zu den Mitgliedern der Illuminaten auch ein paar Freimaurer gehörten, gibt es keinen Beweis dafür, dass er die Unterstützung der Gruppe als Ganzes erhielt.

Ich möchte hier betonen, dass viele Geheimgesellschaften sich beim Anlegen ihrer internen Struktur der Freimaurerhierarchie bedienten und zur Bezeichnung ihrer Ebenen oder Grade Begriffe aus der Freimaurerei entlehnten. Und es heißt, sowohl die Freimaurer als auch die Illuminati seien von einer anderen Geheimgesellschaft beeinflusst worden – den Tempelrittern.

Freimaurer, Tempelritter und Rosenkreuzer wurden allesamt von Verschwörungstheoretikern mit den Illuminaten in Verbindung gebracht, aber ehrlich gesagt konnte ich keinen konkreten Beweis dafür finden. Erstens ist allgemein bekannt, dass die Illuminaten die Rosenkreuzer und ihre Philosophie ablehnten, also können wir diese Verknüpfung streichen. Zweitens wurden die Tempelritter lange vor dem Auftauchen der Illuminaten aufgelöst. Außerdem widersprachen die Lehren der beiden Gruppen sich sehr, deshalb ist es unwahrscheinlich, dass eventuelle Ableger der Templer sich dieser Vereinigung und ihrer Vorstellung von der Weltherrschaft angeschlossen hätten.

Schließlich hacken Verschwörungstheoretiker mächtig

auf den Freimaurern herum. Als größte und wahrscheinlich mächtigste Geheimgesellschaft sind sie mit fast jeder
konspirativen Organisation verbandelt worden, die je
existiert hat. Obwohl ich zugebe, dass Adam Weishaupt
Logenmitglied war, glaube ich nicht, dass seine Funktion
dort sehr viel weiter ging. Die Freimaurerei hatte mit
der Philosophie der Illuminaten nichts im Sinn und hätte
deren nationalistische Pläne nicht unterstützt. Auch mit
meinen parapsychologischen Sinnen spüre ich, dass die
Freimaurer eine tadellose Organisation sind.

Meine Recherchen lassen klar erkennen, dass viele Geheimgesellschaften immer wieder in einen Topf geworfen
werden – in manchen Fällen ist das legitim, aber meist
werden solche Verbindungen übertrieben oder sind von
vornherein unzutreffend. Natürlich könnten die Illuminaten tatsächlich versucht haben, einige dieser Organisationen zu unterwandern, und manchmal waren sie
womöglich auch erfolgreich darin, diese zu manipulieren
oder zu steuern. Aber ihre Weltanschauung ist doch zu
radikal, um von religiösen oder brüderlichen Vereinigungen akzeptiert zu werden, deshalb wird sie allenfalls von
Randgruppen übernommen.

∾

Die Mitglieder der Illuminaten mussten schwören, dem
Orden und seinen Oberen zu gehorchen. Die Hierarchie
umfasste verschiedene Grade, die sich in drei Kategorien
einteilen lassen:

1. Die »Pflanzschule« bestand aus den Ebenen »Vorbereitung«, »Novize«, »Minerval« und »Illuminatus minor«.
2. Die an die Freimaurerei angelehnte »Maurerklasse« enthielt Grade wie »Illuminatus maior« und »Illuminatus dirigens«.
3. Die letzte Stufe, die »Mysterienklasse«, umfasste die kleineren Mysterien (mit den Graden »Priester« und »Regent«) sowie die größeren Mysterien mit den Graden »Magus« und »Rex«.

Dem Autor Arkon Daraul zufolge tappte ein Mitglied der unteren Grade der »Pflanzschule« noch ziemlich im Dunkeln, was die Funktionsweise des Ordens anging sowie die Methode, mit der er sein Ziel, »die Befreiung der Welt«, erreichen wollte. Wenn der Neuzugang dann die verschiedenen Grade und Stufen durchlief, fand er heraus, dass ein wichtiger Teil seines Dienstes an den Illuminaten darin bestand, finanzielle und gesellschaftliche Macht für sie zu gewinnen. Das ist ähnlich wie bei den anderen Geheimgesellschaften, wo Beitrittswillige und neu Aufgenommene ebenfalls keine Ahnung von dem haben, was »die da oben« wissen – häufig lernen sie die »wahren« Ziele der Organisation erst kennen, wenn sie deren fortgeschrittene Stufen erreichen.

In seinem Buch *New World Order* gibt William Still an, der berühmte Magier und Okkultist Cagliostro sei 1783 in Frankfurt in den Illuminatenorden eingeweiht worden. Viele Jahre später soll er katholischen Priestern Folgendes über seine Einweihung erzählt haben:

Eine Eisenkassette mit Papieren wurde geöffnet. Die Einweihenden entnahmen ihr ein handgeschriebenes Buch, [auf] dem auf der ersten Seite stand: »Wir Großmeister der Tempelherren«, gefolgt von einer mit Blut geschriebenen Eidesformel. In dem Buch hieß es, das Illuminatentum sei eine gegen Throne und Altäre gerichtete Verschwörung; ihre ersten Schläge sollten Frankreich erreichen, und nach dem Fall der französischen Monarchie müsste Rom angegriffen werden.

Die Illuminaten breiteten sich aus, und nur 20 Jahre nach ihrer Gründung zählte die Gruppe bereits mehrere tausend Mitglieder in verschiedenen Ländern Europas. Mittlerweile gingen der konservative Herrscher von Bayern und die katholische Kirche (mit Hilfe der Jesuiten) strenger gegen Adam Weishaupt und seine Gefolgsleute vor. Kurz nachdem die bayrische Regierung 1784 alle Geheimgesellschaften – einschließlich der Illuminaten und der Freimaurer – verboten hatte, brach die Organisation in sich zusammen, und Weishaupt floh außer Landes.

Die Illuminaten blieben in anderen Gegenden Europas weiter aktiv, obwohl ihnen Haft und Verfolgung angedroht wurden; oft wird behauptet, sie hätten sich schließlich 1790 aufgelöst. Andere Leute dagegen beharren darauf, dass sie bis heute existieren, und meine Geistführerin Francine stimmt dem zu. Nachdem die Gruppe in Bayern die Erfahrung extremer Unterdrückung gemacht hatte, ging sie bei ihren Unternehmungen in der Folge allerdings extrem konspirativ vor. Als nach dem angeblichen

Untergang der Illuminaten verschiedene Druckwerke mit übertriebenen Berichten über sie veröffentlicht wurden, brachten manche Historiker und Verschwörungsspezialisten sie daraufhin mit der Französischen und der Russischen Revolution in Verbindung. Sie nannten sie die »ultimative Vereinigung für Verschwörungen und revolutionäre Komplotte«.

So sollen die Illuminaten zum Beispiel im Frühjahr 1789 durch eine Manipulation des französischen Marktes eine künstliche Getreideknappheit erzeugt haben, um ihre Theorien zu testen. Der anschließende Getreidemangel löste eine Hungersnot aus, die wiederum zu Aufständen auf den Straßen und der Erstürmung der Bastille führte. So begann die Französische Revolution – und für das Land ein jahrelanges Chaos. Bevor Napoleon schließlich die Macht ergriff, kamen die Illuminaten mit ihren Plänen gut voran, denn sie manipulierten die Jakobiner und erreichten daraufhin ihr Ziel, die Monarchie zu stürzen und den Einfluss der katholischen Kirche zu unterdrücken.

Im Hinblick auf die Kirche ging das so weit, dass ein Großteil ihrer Ländereien eingezogen und viele Priester ermordet wurden. Das Ganze deichselten die Illuminaten so heimtückisch, dass die Monarchie erst bemerkte, was sich abspielte, als es bereits zu spät war. (Francine sagt allerdings, hier hätte auch die Selbstgefälligkeit der Organisation eine Rolle gespielt – wir sind so mit Überleben beschäftigt, dass wir nicht merken, wie unsere Wirtschaft ausgehöhlt wird – siehe die derzeitigen US-

Benzinpreise.) Die Illuminaten hielten diese Tatsache für einen großen Erfolg, der in der Folge weitere Verschwörungen anregte.

Von der Revolution zum Terrorismus

Als die Illuminaten in den Untergrund gingen, übernahmen ihre Mitglieder eine revolutionäre Form der Philosophie. Obwohl sie hierfür diverse Aspekte aus anderen Bewegungen entlehnten, wird ihre Absicht nirgendwo besser beschrieben als im *Revolutionären Katechismus*, der um 1873 von einem russischen Radikalen namens Sergei Netschajew verfasst wurde.

Nachstehend einige Vorschriften aus diesem *Katechismus* mit den Original-Ziffern. Ich hielt es nicht für nötig, hier den gesamten Text wiederzugeben; das Folgende erscheint mir aussagekräftig genug:

1. Der Revolutionär ist ein vom Schicksal verurteilter Mensch. Er hat keine persönlichen Interessen, keine geschäftlichen Beziehungen, keine Gefühle, keine Bindungen, keinen Besitz und keinen Namen. Alles in ihm wird einzig und allein vom Gedanken an die Revolution und der Leidenschaft für sie in Anspruch genommen.

2. Der Revolutionär weiß, dass er in der Tiefe seines Wesens nicht nur in Worten, sondern auch in Taten alle Bande zerrissen hat, die ihn an die gesellschaftliche Ordnung und die zivilisierte Welt mit ihren vielen Ge-

setzen, moralischen Auffassungen und Gewohnheiten und mit ihren allgemein anerkannten Konventionen fesseln. Er ist ihr unversöhnlicher Feind, und wenn er weiterhin mit ihr zusammenlebt, dann nur deshalb, um sie schneller zu vernichten ...

3. Tyrannisch gegenüber sich selbst, muss er auch tyrannisch den anderen gegenüber sein. Er muss all die sanften, schwächenden Gefühle der Verwandtschaft, Liebe, Freundschaft, Dankbarkeit und sogar der Ehre in sich unterdrücken und der eiskalten, zielstrebigen Leidenschaft für die Revolution Raum geben. Für ihn gibt es nur eine Freude, einen Trost, einen Lohn und eine Befriedigung: den Erfolg der Revolution. Tag und Nacht darf er nur einen Gedanken, ein Ziel haben: erbarmungslose Zerstörung. Während er kaltblütig und unermüdlich diesem Ziel zustrebt, muss er bereit sein, sich selbst zu vernichten und mit seinen eigenen Händen alles zu zerstören, das der Revolution im Wege steht.

4. Das Wesen des wahren Revolutionärs schließt jegliche Sentimentalität, alle romantischen Gefühle, jede Verliebtheit und jede Verzückung aus. Auch jeder private Hass und jede private Rache müssen ausgeschlossen sein. Die revolutionäre Leidenschaft muss in jedem Augenblick des Tages praktiziert werden, bis sie zur Gewohnheit wird. Sie muss mit kühler Berechnung eingesetzt werden. Zu allen Zeiten und an allen Orten muss der Revolutionär gehorchen, nicht etwa seinen persönlichen Impulsen, sondern nur denjenigen, die der Sache der Revolution dienen ...

5. Der Revolutionär dringt in die Welt des Staates, der privilegierten Klassen und der so genannten Zivilisation ein und lebt in dieser Welt fortan nur zu dem Zweck, ihre rasche und totale Zerstörung herbeizuführen. Er ist kein Revolutionär, wenn er auch nur die geringste Sympathie für diese Welt hat. Er darf niemals zögern, irgendeine Stellung, irgendeinen Ort oder irgendeinen Mann auf dieser Welt zu zerstören. Er muss alle und alles in ihr mit der gleichen Intensität hassen. Umso schlimmer für ihn, wenn er irgendwelche Beziehungen zu Eltern, Freunden oder geliebten Personen hat; lässt er sich von diesen Beziehungen ins Schwanken bringen, ist er kein Revolutionär mehr.

6. Mit dem Ziel der unerbittlichen Revolution vor Augen wird der Revolutionär innerhalb der Gesellschaft leben, er muss es häufig sogar, und dabei so tun, als wäre er ein ganz anderer als der, der er wirklich ist, denn er muss überall eindringen, in die höheren und mittleren Stände, in die Handelshäuser, die Kirchen und die Paläste der Aristokratie, in die Welt der Bürokratie, der Literatur und des Militärs …

7. [Es gibt] eine große Zahl von ungeschlachten Menschen in hohen Stellungen, die sich weder durch Klugheit noch durch Eifer hervorgetan haben und sich dank ihres Ranges trotzdem ihres Reichtums, ihres Einflusses, ihrer Macht und ihrer hohen Positionen erfreuen. Diese müssen auf jede nur mögliche Weise ausgebeutet werden; sie müssen in unsere Angelegenheiten verwickeln und hineingezogen werden, ihre schmutzigen Geheim-

nisse müssen ausspioniert werden, und wir müssen sie in Sklaven verwandeln. Ihre Macht, ihr Einfluss und ihre Verbindungen, ihr Reichtum und ihre Energie werden bei allen unseren Unternehmungen einen unerschöpflichen Schatz und eine wertvolle Hilfe darstellen.

8. [Es gibt] ehrgeizige Amtspersonen und Liberale der verschiedensten Schattierungen. Der Revolutionär muss sich den Anschein geben, als arbeitete er mit ihnen zusammen, als folgte er ihnen blindlings, während er gleichzeitig ihre Geheimnisse ausspioniert, bis sie völlig in seiner Macht sind. Diese Personen müssen so gründlich kompromittiert werden, dass es für sie keinen Ausweg gibt, daraufhin kann man sich ihrer bedienen, um im Staat Unordnung zu schaffen.

Sind diese Aussagen nicht erschreckend? Ich vertrete die Auffassung, dass sie von großer Bosheit zeugen, so dass ich mich ernstlich frage, was für ein abartiger Mensch dieses Zeug geschrieben haben muss. Diese Worte bringen genau das auf den Punkt, was viele moderne Terroristen glauben.

Wie Sie sehen, gehen die Illuminati ziemlich weit, um ihre Ziele zu erreichen. Sie bedienen sich dabei extremer Methoden, die einen Großteil dessen ausmachen, was die Gesellschaft heute im Allgemeinen zu bekämpfen versucht: Totalitarismus, Hass, Terrorismus, Erpressung und so weiter und so fort. Keine dieser Behauptungen wird abgemildert – und so werden sie immer rabiater in ihrer Entschlossenheit, das Christentum, die Regierungen, die soziale Ordnung und die Familien zu zerstören.

Viele Autoren sagen, die Illuminati hätten in den einzelnen Ländern unterschiedliche Namen angenommen, als sie in den Untergrund gingen. In Frankreich zum Beispiel traten sie als Jakobinerklub auf, in Deutschland als »Thule-Gesellschaft«; und in den USA sind sie die Gruppe, die sich »Skull and Bones« nennt (siehe Kapitel 1). Erst 1995 gründete Gabriel Lopez de Rojas im spanischen Barcelona einen Orden, von dem eine direkte Linie zu den bayrischen Illuminaten führen soll.

Ich bin sicher, dass die Illuminati die meisten politischen Geheimgesellschaften unterwandert haben, zum Beispiel den Council on Foreign Relations, die Trilaterale Kommission und die Bilderberg-Gruppe – und darüber hinaus den Vatikan sowie verschiedene Regierungen auf dieser Welt. Francine versichert mir jedoch, dass die Organisation zwar bis heute existiert, allerdings längst nicht mehr so mächtig ist wie früher, so dass ihr Einfluss sich in sehr engen Grenzen hält.

Trotzdem müssen wir Gruppen, die für eine neue Weltordnung eintreten, im Auge behalten; immerhin waren die Illuminati kurz davor, ihr Ziel zu erreichen, als Hitler und Deutschland beinahe den Zweiten Weltkrieg gewonnen hätten.

William Still gibt in seinem Buch *New World Order* an, in jüngerer Zeit hätten die Illuminati vorgeschlagen, überall auf der Welt Fürsten und Prälaten zu vernichten und das Nationalgefühl der Menschen ein für alle Mal aus ihren Köpfen zu vertreiben. Angeblich wollen sie dieses Ziel ereichen, indem sie ihre Mitglieder in hohe

Positionen im Bildungswesen, in der Verwaltung, in den Medien und in der Politik einschleusen.

Eine Gruppe, deren teuflische Pläne uns allen schaden können, wird sich bei dem Versuch, sie zum Erfolg zu führen, von nichts aufhalten lassen. Aus diesem Grund ist es manchmal besser, ein bisschen paranoid zu sein, damit wir auf keinen Fall in Apathie versinken und eines Morgens unter einer neuen Regierung aufwachen, die unsere Freiheit einschränkt. Deshalb stehe ich in diesem Fall auf der Seite der Verschwörungstheoretiker – auch wenn 75 Prozent von dem, was sie sagen, reine Spekulation sein mögen, machen mir die restlichen 25 Prozent genügend Sorgen.

Die Illuminati übertreffen andere Geheimgesellschaften bei Weitem in der Intensität ihrer böser Absichten, und ihr Ziel – die Errichtung einer neuen Weltordnung – wird von zahlreichen Organisationen, die sie steuern oder beeinflussen, in die Tat umgesetzt. Ohne jegliches Vorurteil kann ich behaupten, dass wir hier vor dem reinen, unverfälschten Bösen stehen. Kein Wunder, dass Hitler von ihrer Philosophie so fasziniert war. Von allen Geheimbünden, über die ich gelesen oder recherchiert habe (und viele von ihnen habe ich gar nicht in dieses Buch aufgenommen), ist dies bei Weitem der Schlimmste.

Kapitel 12
Die »Neue Weltordnung«

Wie in Teil I dieses Buches aufgeführt, verfolgen die bedeutendsten politischen Geheimgesellschaften das Ziel, eine »neue Weltordnung« zu errichten; was sie im Einzelnen darunter verstehen, kann sich allerdings voneinander unterscheiden. Das Vorhaben an sich ist nicht neu, und je nachdem, wer es plant, verschieben sich die Interessen und Ziele; deshalb möchte ich in diesem Kapitel einen allgemeinen Überblick geben, was damit gemeint ist. Vielleicht kann ich Ihnen ja ein bisschen Klarheit verschaffen.

Eine Regierung für alle?

Bei der neuen Weltordnung geht es im Grunde um die Formation einer weltweit herrschenden Organisation, die zum Wohl der Menschheit die nationalen Einzelregierungen ersetzt. Mit anderen Worten: Alle Länder würden von einem einzigen System verwaltet, das die Weltwirtschaft steuert, den Frieden mit einer eigenen Streitmacht sichert (alle anderen Armeen würden abgeschafft) und den Wohlstand zwischen den reichen und den armen Ländern gleichmäßig verteilt, damit alle auf der Erde »ein Stück vom Kuchen« bekommen.

Dies wäre eine in hohem Maße sozialistische (manche sagen sogar kommunistische) Methode, die gesamte Weltbevölkerung zu organisieren – denn wie würde es Ihnen gefallen, wenn Sie statt der Regierung Ihres eigenen Landes einer Weltregierung gehorchen müssten? Aber falls einige geheime politische Gruppen ihren Willen durchsetzen, könnte es durchaus so kommen. Für die US-Bürger etwa würde es bedeuten, dass es keine Verfassung und keine Bill of Rights mehr gäbe und sie sicher nicht mehr so viel Freiheit besäßen. Und egal wo Sie leben, Sie würden einem einzigen weltweiten Währungs- und Wirtschaftssystem angehören; Handelsbeschränkungen gäbe es wenige oder gar keine, die alten Gesetze würden abgeschafft, dafür neue erlassen (die dann von einer globalen Polizei durchgesetzt würden), und für die Friedenssicherung wäre weltweit eine einzige Armee zuständig.

Vielleicht würden noch nicht einmal die Religionen als separate »Glaubensnischen« weiterbestehen – fast sicher würde ein neuer weltweiter Glaube festgesetzt werden. Neue Energie- und Umweltgesetze würden erlassen; das Transport-, Bildungs- und Kommunikationswesen würde von einer einzigen Regierung kontrolliert; das Reisen würde mit Sicherheit eingeschränkt; das freie Unternehmertum und kleine Geschäfte würden beseitigt (was ich als kaum machbar erachte); und sämtliche Steuern würden alle Menschen auf der Welt unterstützen, denn der Reichtum würde zugunsten der ärmeren Länder umverteilt. Globale soziale Dienste – einschließlich Gesundheitsversorgung, Rentenzahlungen und Geburts- und Bevölkerungskontrolle – würden von der herrschenden Organisation gesteuert. Die Liste ließe sich noch lange fortsetzen, aber ich werde es hierbei belassen, denn ich glaube, Sie haben jetzt eine ungefähre Vorstellung von dem, was ich meine. Statt individueller Regierungen, die ihre eigenen Länder verwalten, gäbe es eine einzige Körperschaft, von der die ganze Welt beherrscht wird.

Ich höre schon, wie Sie denken: *Jetzt ist sie endgültig übergeschnappt.* Aber anscheinend gibt es in den unterschiedlichsten Ländern überall auf der Welt Schlüsselpersonal bzw. »Spitzel« von Geheimgesellschaften, auf deren Agenda die neue Weltordnung steht, und ihr Plan scheint in der regionalen Blockbildung seinen Anfang zu nehmen. Beim *State of the World Forum* 1995 zum Beispiel äußerte Zbigniew Brezezinski (der Ex-Sicherheitsberater von Präsident Carter): »Wir können nicht mit einem großen Schritt in die Weltregierung springen, sondern vielmehr durch eine schrittweise Regionalisierung.«

Wenn Sie meinen, jetzt wäre ich wirklich reif für die Klapsmühle, sollten Sie daran denken, dass der bekennende Sozialist H. G. Wells einmal ausführlich erklärte, wie westlicher Kapitalismus und östlicher Kommunismus einst zu einer weltweiten Regierung verschmelzen werden, in der, wie er sagte, souveräne Staaten (Nationen) aufhören werden zu existieren und »zahllose Menschen die Neue Weltordnung hassen und bei Protesten gegen sie sterben werden.«

Hier ein paar weitere Zitate zum Thema von sehr berühmten Leuten:

»Die Welt wird von ganz anderen Personen regiert, als es sich diejenigen vorstellen, die nicht selbst hinter den Kulissen stehen.«
Der englische Premierminister Benjamin Disraeli (1844)

»Seit ich in die Politik gegangen bin, wurden mir die Ansichten der Menschen vornehmlich privat mitgeteilt. Einige der wichtigsten Männer in den USA aus dem Bereich des Handels und der Herstellung haben vor irgendjemandem oder irgendetwas Angst. Sie wissen, dass es da irgendwo eine Macht gibt, die so organisiert, so subtil, so wachsam, so verzahnt, so vollendet, so allgegenwärtig ist, dass sie besser damit fahren, sehr leise zu sprechen, wenn sie sie verurteilen.«
– Der amerikanische Präsident Woodrow Wilson in *The New Freedom: A Call for the Emancipation of the Generous Energies of a People* (1913)

»Für Nationen wird es genauso einfach sein, in der Weltrepublik zurechtzukommen, wie für uns, in einer Republik der Vereinigten Staaten zurechtzukommen.«
– Der amerikanische Präsident Harry Truman (1945)

»*Die Sache einer Regierung durch Eliten ist unwiderlegbar ... eine Regierung durch das Volk ist möglich, aber ausgesprochen unwahrscheinlich.*«
– Der amerikanische Senator J. William Fulbright (1963)

»*Jeder von uns wird letztendlich danach beurteilt werden, wie viel er zum Aufbau einer neuen Weltordnung beigetragen hat.*«
– Der amerikanische Justizminister Robert Kennedy (1967)

»*Ich halte die Trilaterale Kommission für einen geschickten, koordinierten Versuch, die Kontrolle zu ergreifen und die vier Zentren der Macht zu festigen: die politische Macht, die monetäre, die intellektuelle und die kirchliche. All dies soll im Interesse der Schaffung einer friedlicheren, produktiveren Weltgemeinschaft geschehen.*

Was die Trilateralen wirklich vorhaben, ist die Schaffung einer weltweiten Wirtschaftsmacht, die den politischen Regierungen der betroffenen Nationalstaaten überlegen ist. Sie meinen, indem sie ihr Vorhaben umsetzen, Materialismus in Hülle und Fülle zu schaffen, würden sie bestehende Unterschiede überwinden. Als Verwalter und Urheber des Systems werden sie die Zukunft regieren.«
– Der amerikanische Senator Barry Goldwater, aus *With No Apologies* (1979)

»Weiterer Fortschritt auf der Welt ist nur möglich über die Suche nach einem Konsens der gesamten Menschheit in Richtung auf eine neue Weltordnung.«
– Der russische Präsident Michail Gorbatschow (1988)

»Wir danken der Washington Post, *der* New York Times, *dem* Time Magazine *und anderen großen Publikationen, deren Herausgeber unsere Zusammenkünfte besucht und fast 40 Jahre lang ihre Zusicherung der Verschwiegenheit eingehalten haben. Wir hätten unseren Plan für die Welt unmöglich entwickeln können, wenn wir in diesen Jahren dem Licht der Öffentlichkeit ausgesetzt worden wären. Aber die Welt ist jetzt komplexer und bereit dafür, auf eine Weltregierung zuzusteuern. Die supranationale Souveränität einer intellektuellen Elite und weltweit tätiger Bankiers ist der nationalen Selbstbestimmung, wie sie in der Vergangenheit praktiziert wurde, sicher vorzuziehen.«*
– David Rockefeller in einer 1991 vor der Trilateralen Kommission gehaltenen Rede (Quelle: *The New World Order: Chronology & Commentary*, von Dr. D. L. Cuddy)

Die etablierten Medien machen im Allgemeinen jeden lächerlich, der die Meinung vertritt, es gäbe eine Verschwörung zur Errichtung einer neuen Weltordnung. Nun, denken Sie daran, dass viele dieser Medien von genau den Leuten besessen oder kontrolliert werden, die

diese Auffassung unterstützen (siehe das obige Rocke-
feller-Zitat)!

Sie müssen sich klarmachen, dass einer der führenden
Pläne politischer Geheimgesellschaften darin besteht,
die Macht erst zu regionalisieren und sie dann auf ein
weltweites Szenario zu übertragen. In den letzten Jahren
wurde das durch die Bildung der Europäischen Union
und die Übernahme des Euro als bevorzugter Währung
in den meisten ihrer Mitgliedsstaaten deutlich. Wir sehen die regionale Blockbildung an der Einführung des
Nordamerikanischen Freihandelsabkommens (NAFTA)
und der Schaffung der Welthandelsorganisation (WHO).
Mehrere Länder Südamerikas haben bereits den US-Dol-
lar als Währung übernommen, die Sowjetunion hat ihr
politisches und wirtschaftliches System drastisch verän-
dert, und China wird immer kapitalistischer.

Mir ist klar, dass viele sagen werden, ich würde aus
einer Mücke einen Elefanten machen, aber all dies sind
Anzeichen für eine Regionalisierung und für die Zu-
sammenführung der Macht. Ich glaube, dass wir in den
nächsten zehn Jahren die Ausweitung dieser Kontrollbe-
reiche erleben werden, was dazu führen wird, dass man
in mehreren Teilen der Welt das gleiche Währungssys-
tem verwendet und »regionale Machtblöcke« entstehen.
Vielleicht meinen Sie, nichts von alledem würde noch zu
unseren Lebzeiten passieren, aber obwohl die beobacht-
baren Veränderungen subtil erscheinen mögen, werden
Sie die Anzeichen für eine neue Weltordnung deutlicher
sehen, je schneller der Prozess verlaufen wird.

Die Geheimgesellschaften, die Teil dieses übergreifenden Komplotts für ein globales Regierungssystem sind, meinen, die Veränderung wäre zum Besten der Menschheit und der Welt, und viele Verschwörungstheoretiker halten sie für unvermeidlich. Nur Gott allein weiß natürlich, was letztendlich passieren wird, aber trotz einiger definitiv beunruhigender Anzeichen habe ich im Grunde nicht das Gefühl, als könnte irgendeine der heute existierenden Geheimgesellschaften je so mächtig werden, dass sie die gesamte Erde beherrscht. Vielleicht richten einige von ihnen verheerende Schäden und eine Menge Chaos an, aber genauso wie die Religionen sind die Kulturen, Regierungen und Länder auf der Erde zu unterschiedlich, als dass eine einzige Weltregierung denkbar wäre. Und die Überlebensinstinkte und Individualitätsbedürfnisse der Menschen werden unweigerlich jene Schritte verhindern, die einen friedlichen Planeten nach sich ziehen würden.

Weil die irdische Ebene so etwas wie eine Schule ist, war vollkommenes Glück auf ihr nie vorgesehen ... schließlich ist sie nur eine temporäre Angelegenheit. Friede und unendliches Glück sind nur in unserer *wahren* Heimat zu Hause, dem Jenseits, welches die übermächtige Liebe Gottes zu einem wahren Paradies macht. Denken Sie daran, dass wir nie in der Lage sein werden, in dieser Wirklichkeit das zu reproduzieren, was unser allliebender und vollkommener Gott für uns im Jenseits geschaffen hat. Es soll und wird hier nicht eintreten.

Kapitel 13
SCAN

Kommen wir jetzt zu der Gesellschaft, die ich für die Geheimste überhaupt halte – sie agiert so tief im Untergrund, dass niemand etwas über sie weiß!

Wie bereits gesagt, informierte meine Geistführerin Francine unseren Studienzirkel vor vielen Jahren über die verborgenen Organisationen, die ich in diesem Buch behandle und im Zuge dessen auch über eine, die sie SCAN nannte. Allerdings konnte ich diesen Namen bei meinen ausgedehnten Recherchen (und ich meine wirklich ausgedehnt – mein Wohnzimmer sah manchmal aus, als wäre eine Papiermühle in seiner Mitte explodiert) nirgendwo finden.

Bei der Arbeit an diesem Buch fand ich Webseiten, Artikel und dicke Bücher über alle anderen Geheimgesellschaften, die ich auf diesen Seiten erwähne ... außer über SCAN. Nirgendwo gibt es in der Literatur einen Hinweis auf diese Organisation, und offenbar wissen auch angesehene Verschwörungstheoretiker nicht von ihrer Existenz.

Nun bin ich sicher, dass die Abkürzung »SCAN«, die für »Secret Coalition for American Nationalism« (»Geheime Koalition für amerikanischen Nationalismus«)

steht, einfach ein Oberbegriff für den »Dirigenten« all der Geheimgesellschaften ist, die an einer neuen Weltordnung arbeiten. Der Council on Foreign Relations (CFR), die Trilaterale Kommission (TK) und die Bilderberg-Gruppe (BG) jedenfalls halten eine Organisation wie die Vereinten Nationen für einen perfekten Kandidaten zur Überwachung der zukünftigen Weltregierung, SCAN dagegen möchte, dass alles amerikanischer Kontrolle untersteht.

Francine erklärt, die Gruppe bestünde aus 22 Mitgliedern; diese kontrollieren und manipulieren Organisationen wie den CFR, die TK, die BG und die Illuminati sowie ein paar andere, die ich in diesem Buch nicht behandelt habe (etwa den Club of Rome, die Rhodes-Milner-Gruppe und das Royal Institute of International Affairs), sowie generell jede andere große oder kleine Geheimgesellschaft und Denkfabrik auf dieser Erde. SCAN hat die Hände bei allem im Spiel, was auf der Welt eine Form von Einfluss besitzt; viele Geheimgesellschaften wurden von dieser Elitetruppe sogar zu dem Zweck gegründet, ihre eigenen Aktivitäten dadurch zu verschleiern und ihre Ziele erreichen zu können. SCAN benutzt diese Organisationen, um die Industrie, die Ökonomie, das politische Klima und die Stimmung in der Gesellschaft zu lenken. Und diese »Koalition« hat keine Skrupel, in den unterschiedlichsten politischen Systemen zu agieren – kommunistischen, sozialistischen, faschistischen oder demokratischen; sogar an der strategischen Planung von Religionen wirkt sie mit.

Francine sagt, SCAN-Mitglieder wären zwar so mächtig, dass sie Volkswirtschaften, den Welthandel, Kriege und Wahlen regeln könnten, hätten aber auch eine spirituelle Seite. Sie erklärte, wenn sie selbst dabei nicht zu mächtig würden, könnten sie durchaus eine friedliche Weltordnung voranbringen. Ich persönlich glaube, dass die Hauptgefahr einer solchen Organisation darin besteht, dass sie so überaus geheim ist. Immerhin wissen nur die 22 Exklusiv-Mitglieder, wie sie ihre Ziele erreichen wollen. Spielen sie womöglich verschiedene Interessengruppen gegeneinander aus, oder versuchen sie vielmehr, diese Fraktionen zu einer funktionsfähigen Kraft im Sinne einer neuen Weltordnung zusammenzuschweißen? Niemand weiß es.

Mich beunruhigt auch, dass ich bei meinen jahrelangen Recherchen nicht ein einziges Mal auf SCAN gestoßen bin. Da diese Organisation so mächtig und geheim zu sein scheint, dass kein einziger Experte für Geheimgesellschaften überhaupt um ihre Existenz weiß, kann ich nur hoffen, dass sie tatsächlich zum Wohl der Menschheit arbeitet.

Kapitel 14
Lügen über Jesus Christus

Lassen Sie mich jetzt wieder auf den religiösen Bereich zurückkommen. Im Rahmen dessen möchte ich eines der größten Geheimnisse beleuchten, das viele der in diesem Buch vorgestellten Gesellschaften zu schützen versuchten – es ist ein Geheimnis, das sich um Jesus Christus dreht.

Die frühen christlichen Sekten übernahmen verschiedene gnostische Philosophien, unter anderem auch die, Jesus sei *nicht* der Sohn Gottes bzw. der Fleisch gewordene Gott, sondern einfach ein göttlicher Bote. Für diese Überzeugung gab es unterschiedliche Argumente, hauptsächlich den Einwand, dass der Messias nicht am Kreuz gestorben war, sondern bis ins hohe Alter als Ehemann und Vater auf der Erde lebte.

Im Juni 1973 gab meine Geistführerin Francine während einer Forschungstrance an, der Vatikan habe viele Bücher versteckt, die eigentlich in die Bibel gehören würden, aber nie für die Öffentlichkeit freigegeben werden sollten. Das Gleiche behauptet auch Michael Baigent, der Autor von *Verschlusssache Jesus* (und Co-Autor von *Der Heilige Gral und seine Erben* und *Das Vermächtnis des Messias*). Er theoretisiert, viele dieser »Evangelien« wä-

ren mindestens 30 Jahre nach dem angeblichen Tod Jesu
geschrieben worden.

Francine sagte, die christliche Bibel habe ihre endgül-
tige Form erst nach frühestens 300 Jahren erhalten, nämlich beim Konzil von Nizäa 325 n. Chr. Nun, wie viele
von Ihnen können sich noch genau an alles erinnern, was
vor 30 Jahren stattfand? Von 300 Jahren brauchen wir da
gar nicht zu reden – vor allem da das meiste zu jener Zeit
mündlich weitergegeben wurde. Was man vom Hören-
sagen weiß, ist immer unvollkommen, denn die Leute
neigen dazu, eine Geschichte in ihrem Sinn umzudeuten
oder sie auszuschmücken, damit sie dramatischer wirkt
(oder sie selbst besser dastehen).

Meine Geistführerin jedenfalls erklärte, der Vatikan
würde den Beweis dafür, dass Jesus die Kreuzigung
überlebte, geheim halten. Jetzt höre ich schon, wie einige
von Ihnen sagen: »Sylvia, diesmal gehst du aber wirklich ein bisschen zu weit!« Nun, meine lieben Leute, die
Hinweise darauf häufen sich. Und obwohl die Belege
im Moment noch kontrovers diskutiert werden, erwarte
ich, dass die Frage dank neuer archäologischer Funde
oder der Entdeckung eines seit langem verlorenen und
seit Jahrhunderten versteckten Dokuments bald geklärt
sein wird. Untersuchen wir also die Möglichkeit, dass
dieses schockierende Geheimnis, das seit so langer Zeit
vertuscht wird, tatsächlich Fakt sein könnte.

Was bei der Kreuzigung wirklich geschah

Francine hat bei mindestens drei Gelegenheiten geäußert, Pontius Pilatus habe nicht gewollt, das Jesus am Kreuz stirbt, weil er Christus nicht für eine Bedrohung für Rom hielt. Außerdem hatte seine Frau, die er liebte und respektierte, am Vorabend des Prozesses einen Traum, der sie dazu brachte, ihren Mann zu bitten, den jungen Juden nicht zu verurteilen. Das und Pilatus' eigener Glaube an die Unschuld Christi schimmern in der Bibel durch, als der römische Statthalter fragt: »Was hat er denn Böses getan?« und dann sagt: »Ich bin unschuldig an seinem Blut; das ist eine Sache!« (Matthäus 27,24).

Michael Baigent hat geschrieben, Jesus sei dafür gewesen, dass der Sanhedrin (der Hohe Rat und das Gericht der Juden) Steuern zahlen solle, wodurch er sich bei Pilatus beliebt gemacht und bewiesen habe, dass er kein Verräter an Rom war. Denken Sie daran, dass Christus sagte: »So gebt dem Kaiser, was des Kaisers ist« (Markus 12,17), was zeigt, dass er um die Wichtigkeit von Steuerzahlungen wusste.

Francine behauptet, es hätte eine Verschwörung von Pontius Pilatus, Jesus und ein paar Jüngern Jesu (insbesondere Josef von Arimathäa und vielleicht auch Nikodemus) gegeben, und der Plan hätte vorgesehen, Jesus eine »Hinrichtung« mitmachen zu lassen, die möglichst real wirken sollte. Pilatus versprach, alles in seinen Kräften Stehende zu tun, damit der Messias dabei nicht starb. Damit das klappte, beraumte der römische Statthalter das Ereignis für spät am Tag vor dem Sabbat an (nach Sonnenuntergang an diesem Tag durften weder Hinrichtungen vorgenommen werden noch Körper am Kreuz hängen bleiben, genauso wenig wie am Sabbat selbst). Pilatus sorgte auch dafür, dass das Kreuz eine Fußstütze erhielt und Christus nicht die Beine gebrochen wurden, sodass er sich zum Atmen hochstemmen konnte (mehr dazu gleich).

Obwohl Jesus dem Brauch gemäß gegeißelt wurde, fand das sicher nicht so statt, wie Mel Gibson es in *Die Passion Christi* gezeigt hat; vielmehr erhielt Christus zur Schmerzlinderung ein Opiat. Außerdem stach man ihm in die Seite (auch dies war üblich), aber nicht so tief, dass er starb. Francine erklärt weiter, auch Josef von Arimathäa, ein wohlhabender Kaufmann, wäre auf seinen Part gut vorbereitet gewesen. Als Jesus sagte: »Mich dürstet«, bekam er ein spezielles, von Josef vorbereitetes Sedativum, das ihn bewusstlos machte.

Weil Jesus in einem totenähnlichen Zustand war, wurde er schon nach ein paar Stunden vom Kreuz abgenommen. Bei den meisten Gekreuzigten dauerte es zwei bis drei Tage, bis sie tot waren – auch wenn im alten Ägypten Leute gepfählt wurden, dauerte es Stunden, manchmal Tage, bis sie elend umkamen. Ganz gewiss war das, was Christus durchmachte, furchtbar, aber es ist kaum glaubhaft, dass ein gesunder 33-jähriger Mann bereits nach drei Stunden tot war.

Es ist unklar, warum die Römer Jesus anschließend nicht in der Erde verscharrten, wo er sicher gestorben wäre. Stattdessen legten Josef von Arimathäa und ein paar andere ihn sofort in ein leicht zugängliches Grab – ein oberirdischer, aus dem massiven Felsen herausgehauener Raum, dessen Eingang mit einem Stein verschlossen wurde –, das zufällig Josef selbst gehörte.

Ein in dieser Hinsicht oft übersehenes Informationsjuwel kommt aus Rennes-le-Château in Frankreich. In der dortigen Magdalenenkirche befindet sich ein Buntglasfenster, das drei Männer zeigt, die Jesus in der Nähe seines Grabes tragen; der Mond steht dabei hoch am Himmel. Da wir nun wissen, dass niemals irgendjemand Jesus in der Nacht vor dem Sabbat bestattet hätte, ist das ein Hinweis darauf, dass er nicht in das Grab hinein-, sondern aus ihm *heraus*getragen wurde.

Dann gibt es noch Nikodemus (den Jesus zu Lebzeiten übrigens einmal besuchte). In vielen historischen Berichten wird erklärt, Nikodemus sei Heiler gewesen und habe die Zukunft sehen können. Er ging mit Gewürzen und diversem anderem Handwerkszeug zum Grab Christi. Francine sagt, diese Mittel hätten nicht verhindern sollen, dass der Körper verweste oder unansehnlich wurde, denn bei den Juden hatte das Einbalsamieren keine Tradition – diese Substanzen sollten Jesus vielmehr wiederbeleben.

Sie meinen, das alles sei pure Fantasie? Nun, sehen wir uns ein paar Tatsachen an. Römische Kreuzigungen waren eine qualvolle Angelegenheit, weil dem Verurteilten die Beine gebrochen wurden und das Kreuz keine Fußstützen hatte. Mit Fußstütze und ohne Knochenbrüche an den Beinen dagegen wäre das Opfer in der Lage, sich ein Stück weit hochzustemmen und so das Zwerchfell ein wenig zu entlasten. Das half aber gerade so viel, um das Unvermeidliche hinauszuzögern, denn irgendwann setzte die Erschöpfung ein, und der Gekreuzigte erstickte – manchmal erst nach mehreren Tagen. Weshalb also verfuhr man mit Jesus auf eine Weise, die seinen Tod offenbar hinauszögerte, obwohl er doch nur ein paar Stunden vor Ablauf der Sabbatfrist ans Kreuz geschlagen wurde? Den gemeinsam mit ihm gekreuzigten Dieben brachen die Römer die Beine, warum dann nicht auch Jesus?

Durch den Stich in die Seite des Opfers sollte überprüft werden, ob es tot war, und in Johannes 19:34 heißt es: »Sondern einer der Soldaten stieß mit dem Speer in seine Seite, und sogleich kam Blut und Wasser heraus.«

Das lässt mehrere Schlussfolgerungen zu:

1. Um Herz und Lunge herum hatte sich Flüssigkeit angesammelt (häufig bei Kreuzigungen).
2. Jesus lebte noch, denn die Flüssigkeit begann sofort zu fließen.
3. Der Stich könnte sehr gut zu einem Überleben beigetragen haben, denn er linderte den Druck.

Trotzdem erklärten die Soldaten ihn für tot (als die gelernten Ärzte, die sie waren?), und der Körper Christi wurde sofort abgenommen, weil der Sonnenuntergang näherrückte.

Der Fairness halber muss ich erwähnen, dass christliche Gelehrte behaupten, Jesus sei so schnell gestorben, da er von der grausamen Geißelung traumatisiert gewesen sei und daher wahrscheinlich an Herzversagen verschied.

Sie weisen darauf hin, dass er zu schwach war, um das Kreuz zu tragen, und auf dem Weg zur Kreuzigungsstätte mehrmals hinfiel.

Ja, Jesus wurde vor seinem Prozess ausgepeitscht – aber er erschien auch zweimal vor Pilatus und wurde zu Herodes geschickt. Wahrscheinlich legte er den Weg zwischen den verschiedenen Gerichtshöfen zu Fuß zurück, was er vermutlich nicht geschafft hätte, wenn er so brutal gegeißelt worden wäre, wie Mel Gibsons Film zeigt. Es gibt außerdem keinen Beleg dafür, dass die Römer sich nicht an das jüdische Gesetz hielten, »nicht mehr als 40 Schläge« zu erteilen.

Außerdem: Wenn Pilatus wirklich in eine Verschwörung verwickelt war, die Christus das Leben retten sollte, wie Francine sagt, wird er wohl nicht zugelassen haben, dass man Jesus heftig schlug. Trotzdem hat die Geißelung sicher an seinen Kräften gezehrt (obwohl er erst 33 und stark und gesund war). Während des Prozesses vor dem jüdischen Hohen Rat hatte er wahrscheinlich auch keinen Schlaf bekommen, und all das zusammen forderte natürlich seinen Tribut. Deshalb fiel er ein paar Mal hin und hatte Schwierigkeiten, das mindestens 75 Kilo schwere Kreuz zu tragen. Trotzdem erklärt diese Schwäche nicht zwangsläufig seinen angeblich so schnellen Tod. In der Bibel heißt es: »Pilatus aber wunderte sich, dass er schon tot sei, und rief den Hauptmann und fragte ihn, ob er schon lange gestorben sei« (Markus 15,44).

Christlichen Gelehrten steht es natürlich frei zu behaupten, Christus sei tatsächlich am Kreuz gestorben, aber angesichts dessen, was *nach* der Kreuzigung geschah, geraten ihre Argumente ziemlich ins Wanken. Hätte es zum Beispiel, wenn Jesus wiederauferstanden wäre, irgendeinen Grund gegeben, den Stein vom Eingang zu seinem Grab wegzurollen? Sein wiederauferstandener Körper wäre vermutlich ein feinstofflicher Körper gewesen, für den von Menschen gemachte Konstruktionen kein Hindernis mehr gewesen wären. Offenbar musste der Stein entfernt werden, damit Jesu physischer Körper aus dem Grab herauskommen konnte. Ich weiß, dass einige Leute sagen werden, irgendjemand hätte den Leichnam Christi entfernt, damit er in Sicherheit war, und ihn dann anderswo bestattet. Aber warum sollte man Jesus in ein anderes Grab legen, wenn er schon eins hatte? Und damit hören die Fragen nach der Wahrscheinlichkeit seines Überlebens nicht auf.

Wie Sie aus der Bibel wissen, ist Maria Magdalena diejenige, die das offene Grab entdeckt (Matthäus 16,9; Johannes 20,1). Sie benachrichtigt daraufhin Petrus und Johannes, den Lieblingsjünger Jesu; die beiden kommen, um das, was sie ihnen gesagt hat, zu überprüfen, und gehen dann wieder. Maria Magdalena bleibt schluchzend allein am Grab zurück. Als sie noch einmal hineinsieht, erblickt sie zwei Engel, die fragen: »Was sucht ihr den Lebenden bei den Toten?« (Lukas 24,5). Sie erklärt, sie würde Jesus suchen, um ihn mitzunehmen: »Sie haben meinen Herrn weggenommen, und ich weiß nicht, wo sie ihn hingelegt haben« (Johannes 20,13). (Fällt Ihnen etwas auf? Sie sagt nicht »bestattet«.)

Maria Magdalena begegnet Jesus kurz darauf, aber sie erkennt ihn nicht. Sie meint, er sei der Gärtner, und fragt ihn: »Herr, hast du ihn weggetragen, so sage mir, wo du ihn hingelegt hast: dann will ich ihn holen« (Johannes 20,15). Der Grund, weshalb Maria Jesus nicht erkennt, ist ziemlich offensichtlich: Er hatte sich verkleidet, da er sich vor den Juden versteckte. Zweitens: War diese Frau wirklich davon ausgegangen, sie könnte den Körper eines toten Mannes tragen? Natürlich nicht – sie wusste, dass Jesus lebte, denn sie hatte dabei geholfen, ihn vom Kreuz abzunehmen!

Als Christus Maria bei ihrem Namen nennt, weiß sie, wer er ist. Er sagt ihr dann, sie solle ihn nicht berühren, und viele Christen glauben, das habe er deshalb getan, weil er noch nicht zu seinem Vater im Himmel aufgefahren war. Diejenigen, die wissen, dass Jesus überlebte, interpretieren seine Worte jedoch anders: Jesu Wunden waren noch nicht verheilt, und er wollte nicht, dass Maria ihn überschwänglich küsste oder umarmte, was ihm wehgetan hätte.

Den Evangelien zufolge erscheint Jesus später seinen Aposteln, um zu beweisen, dass er noch am Leben ist. Ich kann überhaupt nicht verstehen, wieso das falsch gedeutet werden konnte, aber es ist tatsächlich passiert. Gehen wir also die ganze Sache durch, angefangen mit Lukas 24,36–51. (Ich zitiere aus George Lamsas Übersetzung des ursprünglich aramäischen Textes; meine eigenen Gedanken dazu stehen in eckigen Klammern.)

Als sie aber davon redeten, trat Jesus zu ihnen und

sprach zu ihnen, und sie waren verwirrt und erschraken, denn sie meinten, sie sähen einen Geist. *Friede sei mit euch; ich bin es; habt keine Angst.* [Sie dachten, Jesus sei ein Geist, da sie ihn für tot hielten.] Jesus sprach zu ihnen: *Was seid ihr so erschrocken, und warum kommen solche Gedanken in euer Herz? Seht meine Hände und meine Füße, ich bin's selber. Fasst mich an und seht; denn ein Geist hat nicht Fleisch und Knochen, wie ihr seht, dass ich sie habe.* [Hier sehen wir, dass Jesus zu erklären versucht, er sei kein Geist – wie ich bereits erwähnte, haben Geister weder Wunden noch eine feste Gestalt, die berührt und ertastet werden kann wie bei Menschen aus Fleisch und Blut. Das kann nur eines bedeuten: Christus lebt in einem echten Körper, nicht in einem verklärten.] Als er das gesagt hatte, zeigte er ihnen seine Hände und seine Füße. Und weil sie wegen ihrer Freude immer noch nicht glaubten und sich wunderten, sprach er zu ihnen: *Habt ihr hier etwas zu essen?*

Sie gaben ihm eine Portion gebratenen Fisch und ein Stück Honigwabe. Und er nahm es und aß vor ihren Augen. [Auch hier zeigt Jesus seinen Aposteln durch sein Essen, dass er lebt – Geister brauchen keine Nahrung!] Und er sprach zu ihnen: *Das sind meine Worte, die ich zu euch gesagt habe, als ich noch bei euch war: Es muss alles erfüllt werden, was von mir geschrieben steht im Gesetz des Mose, in den Propheten und in den Psalmen.* Da öffnete er ihnen das Verständnis, so dass sie die Schrift verstanden.

Und er sprach zu ihnen: *So steht's geschrieben, und es*

*war richtig, dass Christus leiden wird und auferstehen
von den Toten am dritten Tage; und dass Buße gepredigt
wird in seinem Namen zur Vergebung der Sünden unter
allen Völkern. Fangt an in Jerusalem und seid dafür Zeugen. Und ich will auf euch herabsenden, was mein Vater
verheißen hat; aber bleibt in der Stadt Jerusalem, bis ihr
ausgerüstet werdet mit Kraft aus der Höhe.* [Beachten
Sie hier, dass Jesus nur sagt, er solle leiden und von den
Toten auferstehen, um die Prophezeiungen im Hinblick
auf den Messias zu erfüllen. Er sagt nicht, er wäre gestorben oder sei tot, sondern er hatte tatsächlich sein Grab
verlassen und sich am dritten Tag zu erkennen gegeben.
Obwohl er lebt, hat er die Prophezeiungen erfüllt, wie
es geschrieben stand. Hier möchte ich auch anmerken,
dass die Erfüllung von Prophezeiungen weitgehend eine
Sache der Interpretation ist – Christen sagen, er habe sie
erfüllt, Juden dagegen meinen, er habe sie nicht erfüllt.
Ich habe mir diese Prophezeiungen angesehen und festgestellt, dass die meisten, wenn nicht alle, auf ziemlich
wackligen Beinen stehen. Offenbar hat das Christentum
seine ganz eigene Interpretation dessen, was eine Prophezeiung ist, und viele von ihnen ungeniert so umgedeutet,
als bezögen sie sich auf den Messias.]

Und er führte sie bis hinaus nach Bethanien und hob
die Hände und segnete sie. Und es geschah, als er sie
segnete, dass er von ihnen schied und in den Himmel
auffuhr. [Bitte beachten Sie hier die Formulierung »er
schied von ihnen« – wenn das der Fall war, wie sollten sie
wissen, dass er in den Himmel aufgefahren war? Wenn

Jesus überlebt hätte, so wäre er seinem gesunden Menschenverstand gefolgt und unverzüglich aus dem Land geflohen, in dem er erkannt und wegen erfundener Vergehen erneut hätte verfolgt werden können.]

Eins der wichtigsten in den Evangelien beschriebenen Ereignisse, das zu bestätigen scheint, dass Jesus die Kreuzigung überlebte, ist seine Begegnung mit Thomas, wie sie bei Johannes 20,24–29 erzählt wird:

Thomas aber, der Zwilling genannt wird, einer der Zwölf, war nicht bei ihnen, als Jesus kam. Da sagten die andern Jünger zu ihm: Wir haben den Herrn gesehen. Er aber sprach zu ihnen: Wenn ich nicht in seinen Händen die Nägelmale sehe und meinen Finger in die Nägelmale lege und meine Hand in seine Seite lege, kann ich's nicht glauben. Und nach acht Tagen waren seine Jünger abermals drinnen versammelt, und Thomas war bei ihnen. Kommt Jesus, als die Türen verschlossen waren, und tritt mitten unter sie und spricht: *Friede sei mit euch!* Danach spricht er zu Thomas: *Reiche deinen Finger her und sieh meine Hände und reiche deine Hand her und lege sie in meine Seite, und sei nicht ungläubig, sondern gläubig!* Thomas antwortete und sprach zu ihm: Mein Herr und mein Gott! Spricht Jesus zu ihm: *Weil du mich gesehen hast, Thomas, darum glaubst du? Selig sind, die mich nicht gesehen und doch geglaubt haben!*

Ganz eindeutig ist Jesus hier am Leben. Entgegen der allgemeinen Aussage der Christen, nach der Jesus am dritten Tage auferstand und in den Himmel auffuhr, sieht ihn Thomas frühestens *acht* Tage nach der »Himmelfahrt«. Christliche Gelehrte werden einwenden, dass Jesus auferstand und dann auf die Erde zurückkam, um seine Apostel zu besuchen, sie mit dem Heiligen Geist zu weihen und zum Predigen auszusenden. Wahrscheinlich hat er all das auch getan, aber dazu könnte er ebenso gut lebendig gewesen sein.

In der Bibel berichten nur das Markus- und das Lukasevangelium, Jesus sei in den Himmel aufgefahren, und beide Apostel bleiben dabei recht vage – sie bekräftigen nie, die Himmelfahrt mit eigenen Augen gesehen zu haben, sondern nehmen vielmehr nur an, dass Jesus aufgefahren sei. Denken Sie auch daran, dass das Johannesevangelium mit den Worten endet: »Es sind noch viele andere Dinge, die Jesus getan hat. Wenn aber eins nach dem andern aufgeschrieben werden sollte, so würde, meine ich, die Welt die Bücher nicht fassen, die zu schreiben wären« (Johannes 21,25). Könnte damit das gemeint sein, was er nach seinem vermeintlichen Tod tat?

Wenn Christus die Kreuzigung tatsächlich überlebte (und das glaube ich), wäre es nur natürlich gewesen, dass er das geheim halten wollte. Außer seinen Jüngern, Maria Magdalena und ein paar anderen erzählte er also niemandem etwas über das Geschehene. Er versteckte sich vor Juden und Römern, reiste verkleidet, um nicht erkannt zu werden, und verließ Israel zugunsten von Gegenden, in denen er nicht so bekannt war. Viele Legenden und

Mythen beschreiben, dass er Nord- und Südamerika, Indien, die Türkei, Frankreich und England besuchte … das könnte er durchaus getan und seine Arbeit für Gott dabei fortgesetzt haben.

In *Verschlusssache Jesus* berichtet Michael Baigent, er habe einen reichen italienischen Geschäftsmann ausfindig gemacht, der behauptete, im Besitz von zwei Briefen zu sein, die Jesus an den Sanhedrin geschrieben hatte. In diesen behauptet er, 34 n. Chr. bzw. 45 n. Chr. noch am Leben zu sein. Baigent schreibt, er habe dem Mann, der die Dokumente besaß, versprochen, seinen Namen nicht zu verraten, damit er anonym bliebe (was natürlich jeden argwöhnisch macht), aber Mr. Baigent hat die Briefe angeblich selbst gesehen. Sie waren aramäisch geschrieben (in der Sprache Jesu), und er war davon überzeugt, dass sie tatsächlich von Christus stammten.

Für mich ist das deshalb interessant, weil Francine unserem Studienzirkel vor 30 Jahren sagte, Jesus habe nach der Kreuzigung gelegentlich geschrieben, und zwar nur um den jüdischen Rabbinern mitzuteilen, dass er noch am Leben war. Dass ich das – wenn auch nur als Annahme – in *Verschlusssache Jesus* gelesen habe, war für mich ein überwältigendes Erlebnis, denn es bestätigte Francines Information. Natürlich kann das alles bloßer Zufall sein, aber es klingt doch relativ glaubwürdig und überzeugend.

Francine sagte außerdem, Jesus habe bis zum Alter von annähernd 78 Jahren in Frankreich gelebt. 45 n. Chr. wäre er also rund 45 Jahre alt gewesen, wenn man davon ausgeht, dass er bei der Kreuzigung laut Bibel 33 war. Rechnen Sie nach – die Daten passen!

Der Magdalena-Faktor

Viele Jesuiten, mit denen ich im Lauf der Jahre gesprochen habe, erklärten mir, sie würden ebenfalls daran glauben, dass Christus überlebt hat, aber sie hätten darüber schweigen müssen. Und wie ich oft bekundet habe, verehrte ich Papst Johannes XXIII. sehr, vor allem als er sagte, die Auferstehung Christi solle nicht der Grundpfeiler sein, auf den das Christentum baut. Warum hätte er so etwas sagen sollen, wenn er nichts von dem gewusst hätte, was ich Ihnen in diesem Kapitel mitgeteilt habe?

Trotzdem ist schon die Vorstellung, Jesus habe eine Familie gehabt, für die meisten Christen ein absolutes Sakrileg. Aber genauso wie Anzeichen dafür ans Licht kommen, dass er die Kreuzigung überlebte, gibt es auch im Hinblick auf seine Ehe mit Maria Magdalena und ihre gemeinsamen Kinder Anhaltspunkte. Eine solche Aussage bedroht angeblich die Grundfesten des Christentums, aber wenn etwas auf Lüge und Vertuschung beruht, verdient es, vom Sockel gestürzt zu werden.

Es ist interessant, wie die katholische Kirche Maria Magdalena zunächst darstellte. Obwohl die frühe Kirche wahrscheinlich die Wahrheit über sie wusste, beschloss sie, das Bild einer Hure zu verbreiten; das sollte die Tatsache, dass sie mit Jesus verheiratet war, noch abwegiger erscheinen lassen. Wie die meisten von Ihnen wissen, wurde ihr Status als Prostituierte zwar 1969 vom Zweiten Vatikanischen Konzil revidiert und als Irrtum anerkannt, aber das Stigma bleibt.

Die Kirche hat immer behauptet, der Papst sei unfehlbar, aber hier sehen wir, dass es durchaus geschehen kann, dass ein Papst (und die Kirche als solche) zuerst eine Haltung einnimmt, diese dann später aber ändert. Für mich ist das Problem dabei nicht, dass ein Fehler zugegeben und korrigiert wird – das ist tatsächlich sehr löblich. Mich ärgert vielmehr, dass dieser Fehler überhaupt gemacht wurde. Wie kann die Kirche behaupten, ihre Interpretation der Bibel sei korrekt, und dann später einen Irrtum eingestehen? Wenn sie in diesem Fall falsch lag, könnte es dann bei anderen Angelegenheiten nicht genauso sein?

Nebenbei bemerkt hatte ich schon immer meine Schwierigkeiten damit, dass Religionen heilige Schriften interpretieren, denn sie neigen dazu, sie zu ihrem eigenen Vorteil auszulegen. Rebellisch wie ich bin, habe ich mich lange geweigert, die Bibel als wörtlich zu verstehenden Tatsachenbericht zu akzeptieren, auf dessen Grundlage die christlichen Gelehrten ihre Schlussfolgerungen ziehen. Ich habe festgestellt, dass sich in diesem Text viel zu viele Unstimmigkeiten und Widersprüche befinden, um eine solche Meinung ernsthaft zu vertreten.

Logisch gesehen (und wenn Sie nur Ihren guten alten Menschenverstand benutzen) grenzt die Einstellung: »Wenn es in der Bibel steht, muss es wahr sein« ans Lächerliche. Nehmen Sie nur die Entstehungsgeschichte des Neuen Testaments; die Annahme, all diese Berichte seien die reine Wahrheit, ist da fast ein Witz, denn der Text wurde bearbeitet, ergänzt und gekürzt, und das unzählige Male – ganz zu schweigen von der Tatsache, dass viele Schriften von der Kirche als ketzerisch aussortiert wurden. So genannte Experten geben zu, dass sie bis heute noch nicht wissen, wer die vier Evangelien tatsächlich geschrieben hat, aber wir sollen sie als Tatsache akzeptieren! (Ich frage mich, ob jemand schon einmal daran gedacht hat, dass Dan Brown sie in einer früheren Inkarnation geschrieben haben könnte …)

Gott sei Dank berücksichtigen immer mehr Gelehrte auch andere Schriften, etwa die Apokryphen, die Schriftrollen vom Toten Meer und sogar Arbeiten aus anderen Kulturen und Religionen. Neue archäologische Entdeckungen ergänzen diese Vielfalt, und obwohl der Versuch, die Vergangenheit zu rekonstruieren, oft einer reinen Glückssache gleicht, versuchen objektive Wissenschaftler zumindest, Ergebnisse aus möglichst vielen Quellen einzubeziehen.

Im Hinblick auf die Prämisse, Jesus sei verheiratet gewesen und habe Kinder gehabt, beharren viele Christen darauf, so etwas würde in der Bibel nicht erwähnt. Womit wir wieder beim alten Lied wären – wenn es nicht in der Bibel steht, kann es nicht wahr sein. Also erwidere ich darauf lediglich: »Es findet sich auch in keiner Schrift die Aussage, dass er *kein* Ehemann und Vater war.« Tatsächlich sprechen mehr Indizien dafür, dass er wirklich

mit Maria Magdalena verheiratet war. Die damaligen
Bräuche zum Beispiel erkannten jemanden nur unter der
Voraussetzung als Rabbi an, dass er verheiratet war, und
Bücher aus den Apokryphen erwähnen, dass er Maria oft
auf den Mund küsste ... macht das ein zölibatärer Rabbi,
der zufällig auch der Messias ist?

Maria Magdalena war bei Jesus, als er gekreuzigt wurde, sie gehörte zu der Gruppe, die ihn zur Ruhe bettete,
und brachte am Morgen nach dem Sabbat Kräuter und
Cremes zum Grab, um ihn zu salben – obwohl sie niemals in der Lage gewesen wäre, den schweren Stein wegzurollen. Sie war die Erste, die feststellte, dass der Stein
weg und das Grab leer war, und die Erste, die ihn nach
seinem vermeintlichen Tod sah. Manche Leute denken,
sie hätte sich wie eine trauernde Witwe verhalten; ich bin
nicht dieser Ansicht, denn sie hatte ihren Mann ja gar
nicht verloren.

Ich behaupte, dass Maria am Grab war, um mit ihren
Salben die Genesung Jesu zu unterstützen, und obwohl
sie wusste, dass es offen stehen würde, war sie sehr überrascht, dass sie es leer vorfand. Da sie davon ausgegangen
war, Christus würde sich darin befinden, war ihre erste
Reaktion nur natürlich: *Wo ist er? Wo ist er hin? Wer hat
ihn mitgenommen?* Sie wusste, dass er lebte, dachte aber,
ihm sei etwas Schreckliches zugestoßen. Deshalb rannte
sie nicht zu Petrus und Johannes, weil sie ihnen mitteilen
wollte, dass das Grab offen sei, sondern um sie darüber
zu informieren, dass er nicht da sei. Alles, was sie tut,
entspricht dem Verhalten einer besorgten Ehefrau.

Francine sagt, die Hochzeit in Kana, bei der Jesus Wasser in Wein verwandelte, sei in Wirklichkeit seine eigene Hochzeit mit Maria Magdalena gewesen. Wenn Sie diese Passage der Bibel mit dem Wissen im Hinterkopf lesen, dass er als Bräutigam dafür verantwortlich war, dass es genügend Wein gab, hört sie sich mit einem Mal sehr interessant an: »Als aber der Speisenmeister den Wein kostete, der Wasser gewesen war, und nicht wusste, woher er kam – die Diener aber wussten's, die das Wasser geschöpft hatten –, rief der Speisenmeister den Bräutigam und sprach zu ihm: Jedermann gibt zuerst den guten Wein und, wenn sie betrunken werden, den geringeren; du aber hast den guten Wein bis jetzt zurückbehalten« (Johannes 2,9–10). Dem Bräutigam wird gesagt, dass er den besten Wein bis zuletzt aufgespart hat, und wer hat den Wein gemacht? Jesus!

Dem Evangelium der Maria Magdalena zufolge (das von der katholischen Kirche aus der Bibel ebenso wie das Philippus- und das Thomasevangelium entfernt wurde) weihte Christus sie in Lehren ein, in denen er die anderen Apostel nie unterwies. Auch dies passt von seiner Logik dazu, dass sie verheiratet waren, denn sie standen sich dadurch näher als Jesus und seine Jünger und hatten bestimmt häufig Gelegenheit, allein unter sich diesen Unterricht stattfinden zu lassen. Die Bücher der Apokryphen erzählen davon, dass sie als erste Jüngerin gegolten habe, die über allen anderen stand, was ebenfalls ihre enge Beziehung zu Jesus zeigt und ein Beleg für die Achtung ist, die er für sie empfand.

Unterwegs nach Frankreich

Nachdem die Wunden Jesu verheilt waren und er sich von dem Martyrium am Kreuz erholt hatte, teilte er seinen Jüngern mit, er sei am Leben und wolle nun die Gegend verlassen. Es ist nur natürlich, auch davon auszugehen, dass er sie über das Komplott mit Pilatus und Josef von Arimathäa informierte und dabei betonte, sie müssten sein Überleben geheim halten. Dann wies er sie an, dass sie verbreiten sollten, er sei in den Himmel aufgefahren. Als Letztes ordnete er an, sie sollten jeweils zu zweit ausziehen und in verschiedenen Ländern predigen.

Christus verließ Israel zusammen mit seiner Mutter, Maria Magdalena, Josef von Arimathäa und mehreren Jüngern und reiste verkleidet die Küste hinauf nach Tyrus. Dort bestieg die Gruppe ein Schiff und fuhr nach Ephesus (in der heutigen Türkei), wo sie kurze Zeit blieb.

Francine sagt, Jesus hätte in Ephesus ein Haus gemietet, in dem seine Mutter leben konnte, und mehrere Jünger dort zurückgelassen, die sich um sie kümmern sollten. Dann wies er Josef von Arimathäa an, ihr Schiff zu nehmen und nach Britannien zu fahren, um dort einen Stützpunkt für seine neue Religion aufzubauen; Christus wusste nämlich, dass Josef in dieser Gegend am Bergbau interessiert war und daher Beziehungen hatte. Er sagte zu Josef, er würde ihn in drei Jahren in Ephesus wiedersehen, und er und Maria Magdalena würden in den Fernen Osten reisen.

Nachdem Josef also zu den Britischen Inseln unterwegs war und seine Mutter gut versorgt in Ephesus wohnte, machten Jesus und seine Frau sich gemeinsam mit mehreren anderen Schülern nach Indien auf. Sie schlossen sich Karawanen an, um geschützt zu sein, und kamen ein paar Monate später an. Jesus und Maria Magdalena verbrachten viele Monate in Indien, Kaschmir und dem heutigen Pakistan; Francine zufolge wurden sie überall, wo sie hingingen, freudig begrüßt. Unterwegs sprachen sie mit zahlreichen Menschen, die zu ihren Gefolgsleuten und im Endeffekt zu den ersten gnostischen Christen wurden. Rom hatte im Fernen Osten wenig Einfluss, deshalb musste Christus vorerst keine Angst haben, aufgegriffen zu werden.

Die drei Jahre, die Josef weit weg von Jesus verbrachte, waren sehr produktiv. Francine sagt, dass er nicht nur seine Minenbeteiligungen fest in der Hand hielt, sondern auch viele Menschen bekehrte und anfing, im englischen Glastonbury eine Kirche zu errichten (angeblich die älteste oberirdische Kirche der Welt). Josef hatte außerdem Gelegenheit, das nahe Land Frankreich zu erkunden. Als er und Jesus sich in Ephesus wiedertrafen, machte er ihm den Vorschlag, dass sich das Paar in Frankreich sein Zuhause einrichten solle. Maria Magdalena und Jesus nahmen also seine Mutter und die anderen Jünger mit und setzten Segel nach Frankreich. Sie gingen bei Marseille an Land und reisten ein wenig landeinwärts, bis sie sich schließlich im Languedoc in der Gegend von Rennes-le-Château niederließen. Francine sagt, als sie dort ankamen, hatte Maria Magdalena ihr erstes Kind, ein Mädchen namens Sarah, bereits geboren. Sie gibt auch an, sie hätten viele Jahre in Südfrankreich verbracht und insgesamt sieben Kinder bekommen, von denen aber nur vier überlebten.

Francine zufolge entwickelten die Einheimischen einen regelrechten Beschützerinstinkt in Bezug auf die Heilige Familie und bewahrten all ihre Geheimnisse (auch jenes, dass Jesus als Nachkomme Davids dem jüdischen Königtum angehörte und Maria Magdalena aus einer wohlhabenden Familie stammte, die ebenfalls Verbindungen zum Königshaus hatte). Jesus, Maria und ihre Kinder konnten friedlich ohne Bedrohung von außen leben, und sobald eine Gefahr am Horizont auftauchte, wurden sie von ihren Nachbarn in Sicherheit gebracht.

Maria Magdalena wurde im Lauf der Zeit zu einer aktiven Predigerin und Lehrerin. Jesus predigte zwar gelegentlich ebenfalls und bewirkte ab und zu eine Heilung, aber überwiegend beschränkte er sich auf das Unterrichten von Kindern und auf das Schreiben. (Wahrscheinlich verhielt er sich hauptsächlich deshalb so, damit er nicht übermäßig bekannt wurde und man so auf seine Spur stoßen konnte.) Er unternahm mit Josef ein oder zwei Reisen nach Britannien, die allerdings sehr diskret waren. Maria dagegen war in einem größeren Radius unterwegs und wurde aufgrund dessen in ganz Südfrankreich sehr verehrt.

Meine Geistführerin behauptet, Jesus habe gelebt, bis er Mitte 80 war; Maria Magdalena sei ungefähr 20 Jahre später mit Mitte 90 gestorben. Da die Mutter Christi etwa zehn Jahre nach ihrer Ankunft in Frankreich verschieden war, wurden alle drei in diesem Land bestattet. Durch die Anwesenheit der Heiligen Familie entwickelte sich das ganze südliche Frankreich im Lauf der Zeit zu einer Hochburg der Gnostiker. Sowohl die Tempelritter als auch die Katharer hatten in dieser Gegend großen Einfluss, und die katholische Kirche bemühte sich jahrhundertelang unter großen Schwierigkeiten, dort festen Fuß zu fassen.

Geheimnisse haben zu Lügen geführt

Nun, vielleicht liegt es daran, dass den Geistlichen meiner Glaubensgemeinschaft und mir diese Informationen schon so lange bekannt sind, aber Tatsache ist, dass die Enthüllungen in diesem Kapitel keineswegs überraschende Neuigkeiten sind. Allerdings verstehe ich nicht, warum irgendeine von ihnen die Göttlichkeit Christi schmälern sollte. Buddha und Mohammed wurden schließlich auch nicht geopfert, genauso wenig wie irgendein anderer der Boten, die Gott der Menschheit gesandt hat, und *deren* Göttlichkeit hat diese Tatsache nicht beeinträchtigt. Als gnostische Christin glaube ich, dass Jesus der größte der »direkten Berichterstatter« Gottes war, aber das bedeutet nicht, dass ich Mohammed, Buddha, dem Dalai Lama oder auch dem Bab der Baha'i-Religion keine Ehrerbietung erweise. Wenn Sie genau hinsehen, erkennen Sie, dass alle im Grunde die gleiche Botschaft haben: Liebe Gott, tue Gutes, lebe einfach und denke daran, dass diese Welt eine Ebene ist, auf der wir zu Ehren unseres Schöpfers etwas lernen sollen. Sogar zeitgenössische Medien und Propheten (zumindest die guten) bekennen, dass das, was ihnen eingegeben wird, direkt von Gott kommt. Solange sie nicht zulassen, dass ihr Ego und ihre Habgier sich einmischen, bleibt ihre Verbindung nach oben rein. (Natürlich will ich damit keinesfalls irgendjemanden von uns – einschließlich mich selbst – mit Gottes direkten Berichterstattern auf eine Stufe stellen.)

Ich weiß, dass viele Christen glauben, Christus sei für unsere Sünden gestorben, aber diese Auffassung hat Paulus ausgebrütet, nicht der Mann aus Nazareth selbst. Andere wenden gerne ein, das Überleben Christi würde die ganze Auferstehungsidee untergraben – aber fast jeder erlebt nach dem Tod eine Wiederauferstehung im Jenseits! Dass die Christen einen Sohn Gottes für sich reklamieren, der angeblich stirbt und ins Leben zurückkehrt (was von niemand anderem bekannt ist außer von Lazarus, der durch Jesus von den Toten auferweckt wurde), vermittelt ihnen wahrscheinlich das schöne Gefühl, dass ihr Messias allen anderen Gottesboten haushoch überlegen ist.

Allerdings scheinen diese Leute zu vergessen, dass die großartigen Taten, Lehren und Heilungen Christi allein schon beweisen, dass er Wunder wirken konnte und eine Ikone seiner Zeit war. Sein wahrer Erfolg bestand darin, uns die Wahrheit über unseren allwissenden und allliebenden Gott zu vermitteln, der so ganz anders war als der gewalttätige, rachsüchtige Schöpfer des Alten Testaments – und das hat er im Grunde genommen unabhängig von seiner Kreuzigung oder seiner Auferstehung geleistet. Es ist wirklich ein Witz, dass viele Christen beschlossen haben, den Tod und die Wiedergeburt Christi in den Vordergrund zu rücken, und damit all das klein machen, was er zu Lebzeiten tat.

Nimmt es also Jesus etwas von seiner Göttlichkeit, wenn er nicht am Kreuz gestorben ist? Natürlich nicht! Er war ein göttlicher Bote, und seine Lehren leben weiter … und wir müssen daran denken, dass er selbst seine Lehren für den wichtigsten Teil seiner Mission im Auftrag Gottes hielt.

Ganz sicher würden fundamentalistische Christen mich am liebsten in Acht und Bann setzen, weil ich die Wahrheit verkünde, nämlich dass Christus seine Kreuzigung überlebt hat, obwohl ich einfach nicht verstehen kann, wieso eine Ehe, Kinder und ein langes Leben seinen Status als Messias mindern sollten. Die frühe katholische Kirche war wohl offenbar tatsächlich der Meinung, dies sei der Fall, denn sie wirkte einen dichten Mantel der Vertuschung, an dem sie bis heute weiterwebt.

Mit ihren zahllosen Unterdrückungspraktiken hat die Kirche sich selbst in die Ecke manövriert; und es würde zu erdbebenartigen Erschütterungen in der gesamten christlichen Welt führen, falls die Tatsachen je allgemein bekannt würden (was, dessen bin ich mir gewiss, eines Tages geschehen wird). Denn viele Wahrheiten wurden entweder schon aufgedeckt oder werden noch ans Licht kommen, auch wenn die Religionen versuchen, sie zu unterdrücken. Für denjenigen, der sich mit ihnen befassen möchte, sind die Tatsachen längst offensichtlich, aber weil die Menschheit einen beunruhigenden Hang zur Apathie hat – und die Religionen unglaublicherweise die Wahrheit ablehnen, obwohl sie unstreitig ist (zum Beispiel bei vielen protestantischen Glaubensrichtungen) –, kommt sie nicht aus der Finsternis heraus.

Leider werden viele Christen sich weiter in ihrer selbst konstruierten Welt aus Unwissenheit und Vorurteilen herumtreiben und blind so genannten Führern folgen, die ständig riskante Thesen von Schuld und Angst aufstellen. Diese Fanatiker machen Jagd auf jene, die so blind sind, ehrlichen Herzens an ihre Dogmen von einem furchtbaren und rachsüchtigen Gott zu glauben, und füllen dabei ihre Kassen mit unrechtmäßig erworbenen Gewinnen.

Die Kirchen betonen immer noch, wir müssten Gott fürchten und unsere Sünden bereuen. Leute, wacht auf! Gott ist barmherzig, er verzeiht und liebt uns. Er kennt die Ebene, auf der wir leben, mit all ihren Versuchungen, und deshalb versteht er, dass jeder von uns in unterschiedlichem Ausmaß gegen Regeln verstößt. Jesus hat allen vergeben, die reinen Herzens sind; würde unser Schöpfer nicht dasselbe tun? Christus ist der Messias für alle, die an einen bedingungslos liebenden Gott glauben;

wenn Sie meinen, man müsste vor Gott Angst haben, sollten Sie Ihren Erlöser anderswo suchen, denn dann ist es nicht Jesus Christus.

Wenn Sie mehr über das lesen wollen, was ich in diesem Kapitel angesprochen habe, ist *Der heilige Gral und seine Erben* ein guter Anfang; es war das erste populäre Buch, in dem behauptet wurde, Christus sei nicht von den Römern hingerichtet worden. Obwohl einige Recherchen dieses Buches sich als unseriös erwiesen haben, bleibt seine Grundannahme richtig; und ich lobe die Autoren für ihren Mut, denn sie haben andere dazu veranlasst, sich intensiver mit den Fragen nach der Wahrheit zu beschäftigen.

Dann kamen Bücher wie *Die Frau mit dem Alabasterkrug* von Margaret Starbird; *Das Geheimnis des fünften Evangeliums – warum die Bibel nur die halbe Wahrheit sagt* und *Das Evangelium des Verräters – Judas und der Kampf um das wahre Christentum* von Elaine Pagels; *Abgeschrieben, falsch zitiert und missverstanden – wie die Bibel wurde, was sie ist* von Bart D. Ehrman; und natürlich *Sakrileg* von Dan Brown. All diese Bücher lege ich Ihnen ans Herz – und erinnere Sie daran, sich um dieses Thema genauso Ihre eigenen Gedanken zu machen wie um alles andere.

❧

Kapitel 15
Die Unterdrückung der Gnostiker

Bevor wir in dieses Kapitel einsteigen, möchte ich Ihnen etwas Hintergrundmaterial über die Gnostiker geben. Viele Historiker sagen, dieser Glaube würde vom Zoroastrismus abstammen. Er wurde von dem altiranischen Propheten Zarathustra bzw. in der griechischen Schreibweise Zoroaster begründet, der den Gelehrten zufolge irgendwann zwischen 1000 und 1400 v. Chr. gelebt haben soll. Der Zoroastrismus ist vielleicht die erste Religion, die die Vorstellung aufbrachte, es gebe Engel, und eine Zusammenfassung ihrer Lehren könnte lauten: »Gute Gedanken, gute Worte und gute Taten.« Weil der Zoroastrismus eine der ersten organisierten Religionen war, hatte er großen Einfluss auf viele Glaubensrichtungen, die nach ihm kamen, so zum Beispiel auf den Buddhismus, Islam, Manichäismus und Mandäismus.

Der Mandäismus ist deshalb interessant, weil seine Anhänger (heute nur noch 50 000 bis 75 000 Mitglieder) nicht an Buddha, Jesus oder Mohammed glauben, dafür aber Johannes den Täufer sehr verehren. Übrigens beriefen sich sämtliche dieser frühen gnostischen Glaubensgemeinschaften auf die Verbindung zu einer biblischen Gestalt, die von Fall zu Fall variierte.

Die alten Gnostiker dachten außerdem, es gebe in der Schöpfung zwei Kräfte: einen guten Gott und einen bösen (bzw. das, was wir in unserer modernen Zeit den »Teufel« nennen). Der gute Gott war im Grunde unerreichbar, der böse dagegen erschuf die irdische Ebene mit all ihren Lastern und Versuchungen. Dieses Prinzip wird »Dualismus« genannt, und wenn Sie sich ein bisschen mit der Gnostik beschäftigen, werden Sie diesem Begriff bald begegnen. (Dualismus meint auch den Gegensatz von Licht und Finsternis, Gut und Böse.) Alle frühen gnostischen Religionen wie Zoroastrismus, Mandäismus und Manichäismus vertraten diese dualistische Auffassung.

Die moderne Gnostik unterscheidet sich sehr stark von den alten Sekten, vor allem wenn sie sich an die Seite des Christentums stellt, wie es meine Glaubensgemeinschaft, die Society of Novus Spiritus, tut. Wir erkennen zum Beispiel Jesus Christus als eine besondere und göttliche Schöpfung Gottes und als Seinen Boten an, glauben aber auch, dass *wir alle* Söhne und Töchter Gottes sind – das heißt, dass Jesus nicht der einzige war.

Ein extrem wichtiger Bestandteil der historischen Gnostik war der Glaube an etwas Weiblich-Göttliches bzw. eine »Muttergottheit«. Das heißt nicht, dass die Mutter Christi angebetet wurde, sie wurde vielmehr als die weibliche Mit-Schöpferin des Universums an der Seite einer »Vatergottheit« verstanden.

Natürlich waren all diese Glaubensvorstellungen aus der Sicht der katholischen Kirche ketzerisch, daher hielt man sie unter Verschluss. Aber wenn wir, wie die Bibel sagt, nach dem Bild Gottes geschaffen sind, ist es nur logisch anzunehmen, dass in unserem Schöpfer eine Dualität angelegt ist, genauso wie im Menschen und in der gesamten Natur. In alten Zeiten glaubte der überwiegende Teil der Gesellschaft, das Männliche sei aufgrund seiner körperlichen Kraft dem Weiblichen überlegen. Das ist natürlich heute nicht mehr der Fall; trotzdem scheint es weiterhin bequemer, eine patriarchalische religiöse Gesellschaft zu haben.

Aber wie ich in anderen Büchern geschrieben habe (vor allem in *Mother God*), glaubte vor der christlichen Ära die breite Mehrheit der Menschen – auch die Angehörigen der politisch bedeutsamsten Völker wie Römer, Babylonier, Ägypter, Phönizier, Perser, Türken und Griechen – an eine Muttergottheit bzw. Göttin. Und weil besiegte Völker stets die Religionen ihrer Eroberer annahmen, verehrte in den alten Zeiten nahezu jeder eine Muttergottheit. Erst als sich zur Zeit des römischen Kaisers Konstantin das Christentum ausbreitete, gewann die Unterdrückung des weiblichen Prinzips an Fahrt – was eigentlich mehr mit christlichen Splittergruppen als mit dem Kaiser selbst zu tun hatte.

Als Römer verehrte Konstantin die Muttergottheit, aber mit seinem Reich ging es bergab, und die Christen machten ihm eine Menge Ärger. Also verhandelte Konstantin mit christlichen Führungsfiguren und gab das Mailänder Edikt heraus, das jedem Religionsfreiheit garantierte. Konstantin selbst wurde Christ und daraufhin nicht nur zum Kaiser, sondern auch zum Kirchenoberhaupt über das Land. Weil die Römer einen Wochentag der Verehrung ihres Sonnengottes Apollo geweiht hatten, bestimmte Konstantin den Sonntag als Ruhetag. (Interessanterweise wird Konstantin von der östlichen, orthodoxen Kirche als Heiliger anerkannt, nicht aber von der römisch-katholischen Kirche.)

Das Aufkommen des paulinischen Christentums

Als Konstantin das Mailänder Edikt erließ, dachte er wahrscheinlich, die Machtkämpfe innerhalb des Christentums würden damit aufhören – das war allerdings nicht der Fall. Nach mehreren Jahren ständiger Auseinandersetzungen zwischen den verschiedenen frühen Sekten, bei denen es stets um die Auslegung der Dogmen ging, hatte der Kaiser schließlich die Nase voll und berief 325 n. Chr. das Konzil von Nizäa ein, wo die Konflikte ein für alle Mal beendet werden sollten (was zwar nicht gelang, aber immerhin hatte sich Konstantin redlich bemüht). Während des Konzils bestimmte er die Vorgehensweise: Er zwang die verschiedenen Hierarchien der frühen christlichen Kirche, einer gewissen Einheitlichkeit zuzustimmen und zum Zwecke der Stabilisierung eine bessere Infrastruktur aufzubauen.

Der Streit dieser Splittergruppen mündete während der

Regierungszeit Konstantins schließlich in eine Macht-
probe zwischen paulinischen und jüdischen Christen.
Wie der Name schon erahnen lässt, folgte die paulinische Richtung den Lehren des selbsternannten Apostels
Paulus, während die Judenchristen sich an die Lehren
von Jakobus und Johannes dem Täufer hielten. (Die
paulinischen Christen werden auch als »Heidenchristen«
bezeichnet, weil sie keine jüdischen Vorfahren zu haben
brauchten.) Diese beiden Lager stritten sich nicht nur
um Fragen der Doktrin, sondern vor allem darüber, wie
Paulus das Leben Jesu interpretiert hatte und wie er die
Person Jesu darstellte.

Zu den Judenchristen, die überwiegend jüdische Vorfahren hatten, zählten auch die Verwandten Jesu (die
angeblich der Sekte der Ebioniten angehörten). Sie akzeptierten weder den Gedanken einer Göttlichkeit des
Messias noch seine »Jungfrauengeburt« – mit anderen
Worten: Sie hielten Jesus zwar für einen wichtigen Boten, dessen Lehren sie gerne folgten, glaubten aber nicht
daran, dass er der fleischgewordene Gott sei. Ist es nicht
interessant, dass seine eigenen Familienmitglieder ihn
nicht als Gott ansahen?

Die Paulus-Partei zog Konstantin auf ihre Seite, und deshalb ist vieles im Christentum seinem Wesen nach aposto-
lisch (sprich es folgt den Lehren der Apostel). Tatsächlich
sind die Abschnitte aus der Bibel, die fast immer im christlichen Religionsunterricht verwendet werden, nicht aus
dem Alten Testament und sehr selten aus den vier Evangelien, sondern es handelt sich vielmehr um die Paulusbriefe.

An dieser Stelle müssen wir uns klarmachen, dass Paulus Jesus nie begegnet ist. Aber er *war* damals einer der wenigen, die schreiben konnten. Diesen Vorteil nutzend, erregte er um sich selbst viel Aufsehen und behauptete, alles über den großen Lehrer zu wissen. Wenn Sie Martin Scorseses Film *Die letzte Versuchung Christi* gesehen haben (der von der katholischen Kirche verboten und aus verschiedenen Gründen umstritten ist, unter anderem aufgrund einer Szene, in der Jesus mit Maria Magdalena Sex hat), erinnern Sie sich vielleicht an die Szene, in der sich Paulus an Christus am Kreuz wendet und bemerkt, er könne aus ihm alles machen, was er wolle. Auch wenn diese Äußerung aus Hollywood kommt, liegt darin sehr viel Wahrheit – und deshalb vertrete ich die Auffassung, dass es mehr »paulinische« als »reine« Christen gibt.

Man könnte sogar so weit gehen und behaupten, Paulus hätte das Christentum stärker beeinflusst als Jesus. Wie ich im letzten Kapitel bemerkt habe, sind die meisten Christen nämlich quasi per Gehirnwäsche zu der Überzeugung verleitet worden, Kreuzigung und Auferstehung seien das Wichtigste – und genau darauf reitet Paulus ständig herum.

Paulus verhält sich hier im Widerspruch zu Jesus, denn Christus hatte nur die Absicht, den Menschen das »neue Gesetz« von einem allliebenden Gott zu bringen. Viele vergessen, dass Jesus Jude war und das auch während seines ganzen Lebens blieb; er hielt der Religion die Treue, in die er hineingeboren worden war, interpretierte aber die Heilige Schrift neu und umfassender, und daraus wurden letztendlich die Lehren des Christentums. (Macht sich überhaupt irgendjemand klar, dass Jesus kein Christ war? Er konnte schließlich schlecht sich selbst nachfolgen.) Vielmehr vertrat er die gleichen Überzeugungen wie seine Verwandten, die im Grunde Judenchristen waren. Weil die paulinischen Gruppen gegen sie Position bezogen, steht das heutige Christentum in direktem Widerspruch zu den Lehren Jesu. Ein Witz, was?

Die Kirche festigt ihre Herrschaft

Als die paulinischen Christen an Macht und Einfluss gewannen, fingen sie an, andere Sekten zu verfolgen. Da die Judenchristen keine weitergehenden Ambitionen hatten, sondern lediglich daran interessiert waren, in Jerusalem zu bleiben, stellten sie keine echte Bedrohung dar und verschwanden mehr oder weniger vollständig von der Bildfläche. Allerdings teilten sie das Geheimnis, dass Christus die Kreuzigung überlebt hatte, mit den Gnostikern.

Diese Gruppe versuchte durchaus, die paulinische (katholische) Kirche zu Änderungen zu bewegen, was aber meist erfolglos blieb. Darüber hinaus bemühten sich die Gnostiker, gegen die wachsende Korruption innerhalb der Kirche anzukämpfen, aber sie wurden einfach untergebuttert. Es zeigte sich immer deutlicher, dass die Kirche vor allem durch Korruption zu Macht, Reichtum und Einfluss kam, und diese Methoden setzte sie auch bereitwillig gegen die Gnostiker ein. Und die taten, was sie tun mussten, um überleben zu können: Sie behielten ihre Geheimnisse für sich und schützten sie vor der Außenwelt.

Zu jener Zeit begann das rücksichtslose Vorgehen der Kirche; sie unterdrückte ihre Anhänger und schrieb ihnen vor, wie sie Gott zu verehren und wie sie zu leben hätten. Das Ganze untermauerte sie mit verschiedenen Formen von Manipulation und Einschüchterung. Katholische Führungspersönlichkeiten kontrollierten unter dem Vorwand der Religion ganze Länder und arbeiteten mit der Angst – sie drohten denjenigen Exkommunikation oder die Hölle an, die nicht mit ihnen kooperierten.

Diese Jahre ließen die katholische Kirche zwar zu einer Weltmacht anwachsen, aber ihre Geschichte überschatteten Greueltaten und Korruption. Morde und Attentate häuften sich, als rivalisierende Hierarchien versuchten, an die Macht zu kommen, und Ablassbriefe wurden gang und gäbe. Oft gab es mehrere Päpste gleichzeitig, die den Herrschaftsanspruch ihrer unterschiedlichen Gruppen durchzusetzen versuchten. Solche »Gegenpäpste« bzw. Personen, deren authentischer Anspruch auf das Papsttum in Frage gestellt wurde, waren vom 3. bis ins 12. und dann wieder im 14. und 15. Jahrhundert an der Tagesordnung. Das unterstreicht nur, wie korrupt und politisiert die Kirche zu jener Zeit war – fast vierzigmal im Verlauf ihrer Geschichte konnte sie nicht entscheiden, wer der legitime Papst war!

Im Mittelalter bestand die Gesellschaft nur aus der armen Volksmasse und der Elite, es gab keine Mittelschicht. Der Oberschicht gehörten die Mitglieder der Kirche und des Adels an, während die Mehrheit der Menschen zur Leibeigenschaft verurteilt war – meist Bauersleute und Handwerker, die für die wenigen Mächtigen arbeiteten. Ab und zu waren auch einige Kaufleute unter den Freien, aber weil die Kommunikation eingeschränkt und das Reisen beschwerlich war, blieben sie mit ihren Waren meist in der näheren Umgebung, versorgten die lokale Kundschaft und hatten selten viel Geld.

Abgesehen von den führenden Kirchenleuten waren die meisten Menschen außerdem extrem ungebildet. Selbst die Adligen konnten weder lesen noch schreiben, und das verschaffte der Kirche noch mehr Macht, denn sie galt als Institution der Gelehrten. Das Land befand sich entweder im Besitz oder unter der Kontrolle der Kirche oder des Adels, und die Steuern, die sie dem Volk auferlegten, sorgten dafür, ihren Reichtum zu sichern.

In dieser Zeit hielten die Gnostiker sich nach außen hin extrem zurück und begnügten sich damit, Gott außer Sichtweite der ständig weiterwachsenden und mehr Macht gewinnenden Kirche zu verehren. Gerade die Unterdrückung der Massen führte schließlich jedoch dazu, dass die Gnostik einen gewissen Einfluss zurückerlangte. Das Leben war so hart und die Religion so streng, dass die breite Masse anderswo nach spiritueller Nahrung zu suchen begann, und viele fanden diese in den gnostischen Sekten.

Damals befanden sich die Adligen ständig miteinander im Krieg – während sie die Ritter auf Streitrössern in die Schlacht schickten, setzten sie die Armen als leicht zu verheizende Fußsoldaten ein. Auch die Kirche mischte dabei mit; sie verbündete sich mit den mächtigsten Adligen, den anderen lieh sie Geld zur Finanzierung ihrer Kriege. Im Gegenzug erhielt sie Land, Autonomie und Macht.

So wurden viele Könige zu bloßen Lakaien der Kirche und mussten tun, was immer sie ihnen befahl. Andere Angehörige der Elite desillusionierte die Macht des Katholizismus immer mehr. Infolgedessen fingen sie an, gnostischen Sekten eine Zuflucht zu bieten, vor allem im Süden Frankreichs. Von ortsansässigen Adligen geschützt, gewannen diese Gnostiker zunehmend an Bedeutung. Die vielleicht einflussreichste Gruppe jener Zeit waren die Katharer, eine gnostische christliche Sekte, die von Herzen fromm war und sich der Armut verschrieben hatte. In Südfrankreich wurden sie so populär, dass sie dort für die Herrschaft der katholischen Kirche eine Zeitlang eine reale Bedrohung darstellten.

Die Katharer

Die Katharer waren ganz gewiss eine mysteriöse Verbindung, die den Weg der Tempelritter und anderer Gruppen immer wieder kreuzte. Recherchen über sie sind schwierig, da der Großteil dessen, was wir über sie wissen, aus der Feder ihrer Feinde stammt. Ich denke, der Grund dafür ist nicht etwa, dass die Historiker sie vernachlässigt haben; eher scheint es von den Katharern so gewollt zu sein. Ich stimme meiner Geistführerin Francine zu, die anführt, diese Gruppe habe sehr viel Wert darauf gelegt, ihre Frömmigkeit im kleinen Kreis zu wahren.

Den Historikern zufolge nahm die Gruppe ihren Name Mitte des 12. Jahrhunderts an; das Wort *katharos* soll von dem griechischen Begriff »die Reinen« abstammen. Die Urväter der Sekte scheinen Druiden, Alchemisten, Mystiker und frühe Gnostiker gewesen zu sein; die Gelehrten nehmen sogar an, dass die Gemeinschaft sich aus den gnostischen Lehren Westeuropas heraus entwickelte und Verbindungen zum Manichäismus besaß. Die Katharer wurden auch »Albigenser« genannt. Das geht vermutlich auf den Chronisten Geoffroy du Breuil zurück, der 1181 die Stadt Albi in Südfrankreich als den Ort anführte, aus dem sie kamen.

Wie ich im letzten Kapitel erklärt habe, war Südfrankreich jahrhundertelang der Ausgangspunkt für Mythen über Jesus und seine Familie. Wie hätten diese Geschichten solche Wirkung entfalten können, wenn sie nicht wahr gewesen wären? Interessant ist auch, dass viele Tempelritter in der Gegend lebten – Südfrankreich war mit großer Sicherheit ein Nährboden für gnostische Aktivitäten. (In jenen Tagen gehörte dieser Landstrich natürlich noch nicht zur französischen Krondomäne. Denken Sie daran, dass damals die Zeit des Lehnswesens war, Herzogtümer und Grafschaften relativ unabhängig waren, sich je nach strategischem Vorteil mal diesem, mal jenem Fürsten anschlossen und die Landesgrenzen daher nicht so genau definiert waren.)

Wie bei den Tempelrittern gibt es auch in der Geschichte der Katharer eine Legende, die besagt, sie seien die Hüter eines sagenhaften Schatzes. Manche meinen, dabei würde es sich um nichts Geringeres handeln als den Heiligen Gral; andere äußern, der Schatz seien alte Schriftrollen mit Weisheiten, und wieder eine andere Gruppe behauptet, er bestünde aus einem heiligen Schwert in einer geschnitzten Holzschatulle. Aber egal, woraus sich der Schatz zusammensetzte, nur einen Tag, bevor die Festung Montségur während des Albigenserkreuzzugs fiel, wurde er von vier Katharer-Mönchen aus ihr herausgetragen. Die Mönche konnten sich an der katholischen Armee vorbeistehlen und entkamen an einen geheimen Ort. Man hörte nie wieder etwas von ihnen.

Francine bestätigt, dass der Schatz tatsächlich unmittelbar vor dem Fall der Festung aus Montségur gerettet wurde. Außerdem sagt sie, er habe aus heiligen Dokumenten mit Lehrinhalten bestanden, zu denen unter anderem Informationen über die Blutlinie Christi und sein Leben in Frankreich nach der Kreuzigung gehörten. Juwelen oder andere Wertgegenstände seien nicht dabei gewesen, denn für die Katharer hatten weltliche Güter nur im Hinblick auf die Sicherung ihrer Grundbedürfnisse oder als Hilfe für die Armen einen Wert.

Die gewaltlosen Katharer machten sich viele Freunde und bekehrten zahlreiche Leute, denn aufgrund des rauen Lebens im Mittelalter und der ständigen politischen Querelen der Adligen war das Dasein für die Unterschicht nicht gerade rosig. Wenn Sie außerdem noch bedenken, dass die katholische Kirche in spiritueller Hinsicht alles kontrollieren wollte und das mit eiserner Hand durchzusetzen versuchte, ist es nur verständlich, dass die neuen Ideen der Katharer jede Menge Anhänger fanden.

Als die Katharer nach Südfrankreich in die Gegend des Languedoc zogen, hatten sie vermutlich keine Ahnung, wie erfolgreich sie tatsächlich sein würden. Sie stießen dort auf ein Umfeld, in dem sie eine aufnahmebereite Zuhörerschaft für ihre neue Art zu leben vorfanden. Sie brachten eine neue Art von Freiheit und Trost mit sich, die von den armen Volksmassen überhaupt noch nie gekannt worden war. Endlich kümmerte sich jemand um die Bedürfnisse der Leute, ohne im Gegenzug etwas zu verlangen – weder einen Zehnten noch die eine oder andere Gefälligkeit. Niemand musste als Gegenleistung zu den Waffen greifen, um in irgendeinen dummen Krieg zu ziehen, und es musste auch nicht von morgens bis abends auf den Feldern geackert werden, um eine Armee zu verköstigen, die irgendwo in der Ferne war.

Die Theologen der Katharer, die »Perfecti« (»Vollkommenen«), wurden auch »gute Männer«, »gute Frauen« oder »gute Christen« genannt. Ihre Anhänger hießen »Credentes« (»Gläubige«); angeblich wurden sie nicht in die Glaubenslehren eingeweiht; aber wenn sie einverstanden waren, das so genannte »Consolamentum« (die

Geisttaufe) zu erhalten, ehe sie starben, waren sie dadurch von allen moralischen Verboten und religiösen Verpflichtungen befreit.

Die Katharer beeindruckten die Menschen durch ihre Lehren. Weil sie das Leben mit all seinen Fehlern und Schwächen akzeptierten, verurteilten sie niemanden; deshalb wurden auch keine moralischen Verbote oder Regeln aufgestellt (wie es bei der Kirche der Fall war). Interessanterweise übte diese Handhabe einen nachhaltigen Einfluss auf die breite Masse des Volkes aus: Statt herumzulungern oder ständig zu feiern, wurden die Menschen sanfter, freundlicher und hilfsbereiter gegenüber ihren Freunden und Nachbarn. Es war im Grunde ein psychologischer Trick: Weil sich jeder so aufführen durfte, wie er wollte, ohne dass ihm Strafe drohte, stellte es keine große Verlockung mehr dar, die Regeln zu brechen. Während katholische Dogmen oft aus purem Widerspruchsgeist in Frage gestellt wurden, kannten die Katharer solche Beschränkungen nicht; sie waren so gute Menschen, dass ihre Anhänger einfach nichts fanden, gegen das sie sich hätten auflehnen wollen.

Die gnostische Gruppe war freundlich und friedliebend und kümmerte sich um die Armen: Sie erteilte ihnen Unterricht, richtete Hospize ein und kümmerte sich um ihre Belange. Die Katharer führten ein genügsames Leben. Sie hatten keine strikten Regeln und hielten ihre Gottesdienste im Wald oder auf freiem Feld ab; vor allem aber schien ihnen wirklich etwas an den Menschen zu liegen. Frauen standen auf gleicher Ebene mit den Män-

nern; die Priester erteilten spirituellen Rat und hielten
Gottesdienste notfalls auch in Privathäusern ab.

Im Gegensatz dazu traten die Bischöfe, die die katholische Kirche repräsentierten, als korrupte Heuchler
auf, die Geld dafür nahmen, die Sakramente zu spenden,
reserviert und lieblos wirkten und die strikte Befolgung
einer ganzen Reihe strenger Regeln verlangten. Kein
Wunder, dass die Katharer im Languedoc fest Fuß fassten
und die katholischen Kathedralen immer weniger Zulauf
fanden. Genau darum stufte die Kirche die Katharer als
Ketzer ein – obwohl deren Anhänger nur den Trost und
die Hilfe bekamen, die sie sich dringend wünschten.

Die herrschenden religiösen Autoritäten waren mit
Leuten, die sie als Ketzer einstuften, stets ziemlich ra-
biat umgesprungen. In der Zeit davor hatten die meisten
Gruppen, die sie dieser Kategorie zuteilten, aus wenigen
Menschen bestanden und waren daher nicht als echtes
Problem betrachtet worden. Mit den Katharern jedoch
verhielt es sich anders. Sie bekehrten Katholiken und ver-
ringerten dadurch aktiv die kirchlichen Einkünfte in der
Gegend. Deshalb empfand die Kirche diese Gnostiker als
echte Bedrohung ... und hatte wie immer eine passende
Lösung parat. Aber bevor wir auf die zu sprechen kommen, möchte ich Ihnen den Glauben der Katharer ein
bisschen detaillierter nahebringen, damit deutlich wird,
warum die breite Masse des Volkes von ihnen so angetan
war.

Katharische Glaubensvorstellungen

Die Katharer glaubten, dass jedem Menschen ein göttlicher Lichtfunke bzw. Geist innewohnt (heute würden wir von der Seele sprechen), der in einer Welt voller Versuchungen und Verderbtheit gefangen ist. Als Gnostiker vertraten sie das Prinzip der Dualität – das heißt, dass diese Welt von einer untergeordneten Gottheit erschaffen wurde, die sich selbst zum alleinigen Schöpfer erklärt hatte (ähnlich wie Satan). Die Katharer behaupteten weiter, auch das orthodoxe Christentum würde an einen falschen Gott glauben und die katholische Kirche sei ein verdorbener, verabscheuungswürdiger Haufen, der stark vom gefängnisartigen Materialismus des irdischen Lebens beeinflusst wäre. Der Geist, die vitale Essenz des Menschen, saß ihrer Meinung nach also in einem negativen materiellen Reich fest, das von einem falschen Gott erschaffen worden war und von seinen sittenlosen Lakaien beherrscht wurde.

Um sich aus diesem Gefängnis zu befreien, musste man sich als Erstes bewusst machen, dass das Böse und die Unmoral im Leben der Menschen ganz real vorkamen – und zwar auch in Form der kirchlichen, dogmatischen und sozialen Strukturen der damaligen Zeit. Sobald man erkannt hatte, dass die Materie ein Gefängnis und als solches schlecht war, konnte man anfangen, ihre Fesseln abzulegen – ein stufenweise fortschreitender Prozess, der für jeden Menschen anders ablief. So konnte man das geistige Element unter anderem dadurch freisetzen, dass man freundlicher, sanfter, spiritueller und weniger materialistisch wurde und indem man seine Abhängigkeiten aufgab.

Die Katharer akzeptierten die Welt so, wie sie war, und lernten dadurch, sie zu überwinden. Sie lehrten, dass das irdische Leben erlebt werden müsse, um transzendiert werden zu können. Man konnte vor der Welt nicht weglaufen, aber wenn man wirklich alles Mögliche durchgemacht hatte, positiv wie negativ, erreichte man letztendlich einen Punkt, an dem man die Fesseln der Abhängigkeiten und Bindungen abwerfen konnte. Mit anderen Worten: Alle Versuchungen des Lebens, auch die letzten Versuche, an Schmerz und Verlust festzuhalten, mussten ausgemerzt werden, bevor man anfangen konnte, über sich hinauszuwachsen. Erst wenn man nicht mehr an die Welt gebunden war, konnte man sich wahrhaft an ihr freuen.

Die Katharer glaubten an die Reinkarnation, betrachteten sie aber nie als notwendigen oder wünschenswerten Prozess. Vielmehr war ihnen klar, dass manche Menschen es nicht schaffen konnten, ihre Seelen in nur einem Leben aus dem irdischen Gefängnis zu befreien, deshalb räumten sie ein, dass der Befreiungsprozess manchmal mehrere Existenzen dauern konnte.

Die Gruppe lehnte das Alte Testament vollständig ab; für sie war das Johannesevangelium der heiligste Text. Denn in ihm sagt Christus: »Ein neues Gebot gebe ich euch, dass ihr euch untereinander liebt, wie ich euch geliebt habe, damit auch ihr einander lieb habt« (Johannes 13,34). Mit dieser einen einfachen Aussage trickssten die

Katharer die Regeln, Vorschriften, Dogmen, Ablässe und Bußen der katholischen Kirche aus. Für diese Gnostiker war die Liebe zu Gott und zum Nächsten das Einzige, was für die spirituelle Reise notwendig war. Sie begriffen, dass ein in diesem Sinne gelebtes Leben ausreichend dazu beitragen würde, sie aus ihrem »Gefängnis« zu befreien.

Jesus Christus war für die Katharer eine reine Manifestation des Geistes und als solche nicht an materielle Beschränkungen gebunden; er war der Bote jenes wahren Gottes der Liebe, den ihr Glaube akzeptierte. Die Katharer wiesen darauf hin, dass der falsche Gott des Alten Testaments von seinen »Kindern« ängstlichen Gehorsam und Verehrung forderte und dass, wenn ihm diese nicht zuteil wurde, Mord und Martyrium eine häufige Folge waren. Auch das Dogma der Dreifaltigkeit und das Sakrament der Eucharistie wurden von den Katharern abgelehnt, ebenso wie das Fegefeuer, denn sie hielten das Leben auf der Erde für Strafe genug.

Die Mitglieder dieser Sekte wandten ihre Glaubensvorstellungen auch auf Themen des nicht-religiösen Bereichs an, obwohl die meisten dieser Ideen direkt mit dem Gefängnis des Menschseins zu tun hatten. Zum Beispiel hielten sie Eide für falsch, da durch sie die Bindung an die Welt verstärkt wurde. Das stand natürlich in direktem Widerspruch zu den damaligen Bräuchen, denn die meisten geschäftlichen Transaktionen und Lehnsversprechen gegenüber Adligen und anderen Grundbesitzern wurden aufgrund des allgemeinen Analphabetentums in jenen Tagen mit einem Eid besiegelt.

Die Katharer predigten auch sexuelle Abstinenz, sogar in der Ehe, denn sie meinten, das würde sie von der »Sklaverei des Fleisches« befreien. Von den Perfecti wurde absolute Enthaltsamkeit erwartet, so dass sie, wenn sie diese Ebene erreichten, oft ihren Ehepartner verließen; so wollten sie der Versuchung entsagen, einen »sinnlosen Geschlechtsakt« zu vollziehen, der ihre Zeit der Gefangenschaft in der Materie verlängern würde. Auch die Vernichtung von Leben in jeder Form widersprach ihren Überzeugungen; deshalb aßen die Perfecti keine Lebewesen außer Fisch und keine Nebenprodukte der tierischen Fortpflanzung (Käse, Eier, Milch, Butter etc.). Interessanterweise verurteilten die Perfecti ihre Anhänger aber nicht, wenn diese Geschlechtsverkehr hatten oder solche Lebensmittel aßen – sie forderten die Einhaltung dieser Regeln nur von sich selbst und von denjenigen, die ihre Stufe erreichen wollten.

Wie ich bereits sagte, waren die Anhänger der Katharer von allen moralischen Verboten befreit. Obwohl die Perfecti ihre Glaubensüberzeugungen natürlich auch predigten, zeigten sie ihre Leitbildfunktion vor allem durch ihr eigenes Verhalten und ihre eigene Untadeligkeit, die ihnen die Zuneigung des Volkes sicherte. Und obwohl die Perfecti im Hinblick auf Ernährung, Kleidung und Zölibat ein asketisches Leben führten, waren sie elegant und würdevoll in ihrer Einfachheit. Sie trugen schmucklose Umhänge, aber weder Büßerhemden noch Bettlerkleidung. Jeden, dem sie begegneten, behandelten sie gleich, unabhängig von seiner Position – vom ärmsten

Leibeigenen bis zum reichsten Edelmann. Im Vergleich zu katholischen Mönchen und Bischöfen wirkten die katharischen Perfecti sanfter, freundlicher, frommer, ehrlicher und sehr viel moralischer – ganz zu schweigen davon, dass sie ein beispielhaftes Leben führten, die Unglücklichen belehrten und sie unterstützen. So ist es kein Wunder, dass die Leute ihnen scharenweise zuströmten.

Ein schreckliches Ende

Weil die »guten Menschen« so viele Katholiken bekehrten, war es unvermeidlich, dass man irgendwann begann, gegen sie vorzugehen. Manche sagen, es hätte mit einem politischen Schachzug des französischen Königs angefangen, der sein Reich um den Süden Frankreichs vergrößern wollte; andere behaupten, die Kirche hätte einfach einmal mehr ihre Macht ausüben und jede vermeintliche Bedrohung aus der Welt schaffen wollen. Francine erklärt, es sei ein bisschen von beidem gewesen: Die Kirche benötigte eine Armee, die für sie kämpfte; diese stellte ihr der französische König zur Verfügung, allerdings unter der Bedingung, dass die Kirche ihm gestattete, das eroberte Land zu behalten. Die ganze Angelegenheit gärte schon lange vor sich hin, denn die Adligen aus dem Süden trotzten einer Übernahme durch Frankreich hartnäckig. Und da das Mittelalter eine sehr politische Ära war und die Kirche ihre Finger fast überall mit im Spiel hatte, kam es zu einem Bündnis zwischen den Kirchenoberen und dem König von Frankreich.

Der wachsende Einfluss der Katharer führte schließlich zu mehreren bedeutenden historischen Ereignissen:

1. Er provozierte einen weiteren Kreuzzug der katholischen Kirche, diesmal mit dem Ziel, die Katharer vollkommen zu vernichten. Dieser so genannte Albigenserkreuzzug war selbst nach mittelalterlichen Maßstäben extrem brutal.

2. Die Kirche veranlasste ihre Söldner dazu, eroberte Gebiete dem König von Frankreich und nordfranzösischen Adligen anzubieten, wodurch die Größe von deren Reich fast verdoppelt wurde.

3. Die Kirche beteiligte sich an der Entstehung des Dominikanerordens, der gegründet wurde, um »das Evangelium zu predigen und die Ketzerei zu bekämpfen«.

4. Die Kirche rief die wahrhaft schreckliche Inquisition ins Leben und machte sie zu einer festen Institution; am berüchtigtsten war diese Praxis in Spanien.

Da wir gerade von der Inquisition sprechen: Millionen Frauen wurden umgebracht und gefoltert, da man annahm, sie seien Hexen und würden »in einem Bündnis mit dem Teufel stehen«. Warum nur dachte zu jener Zeit niemand daran, dass das Bevölkerungswachstum leiden würde, wenn man alle Frauen zu beseitigen versuchte? Aber eigentlich ist auch das nicht überraschend, denn die katholische Kirche war ihrem Wesen nach von Anfang an patriarchalisch: Sie fordert das Zölibat von ihren Priestern, damit diese nicht für eine Familie zu sorgen brauchen, Frauen dürfen kein Priesteramt bekleiden, und das kirchliche Dogma schreibt vor, dass sie den Männern Gehorsam leisten müssen.

1198 kam Papst Innozenz III. an die Macht, und er war entschlossen, die Katharer im Languedoc loszuwerden. Zunächst versuchte er es mit friedlichen Mitteln; zum Beispiel sollten sich die in jener Gegend tätigen katholischen Priester anstrengen, die gnostische Gruppe zu bekehren, was aber wenig erfolgreich war. 1204 hob er daraufhin die Autorität der südfranzösischen Bischöfe auf und setzte päpstliche Gesandte ein, die die Situation bereinigen sollten. Aber auch das nützte kaum etwas, und so suchte der Papst Unterstützung bei den Adligen der Gegend. Er exkommunizierte alle, die nicht mit ihm kooperierten.

Der mächtige Graf Raimund VI. von Toulouse weigerte sich, gegen die Katharer vorzugehen, und wurde daher 1207 exkommuniziert. Nach einer hitzigen Auseinandersetzung zwischen dem Grafen und einem päpstlichen Gesandten im Jahr 1208 starb Letzterer unter mysteriösen Umständen. Als Papst Innozenz davon erfuhr, rief er in einer päpstlichen Bulle zum Kreuzzug gegen die Albigenser (Katharer) auf und versprach, das Land der Ketzer als Lehen an jeden zu vergeben, der bereit war, ihn in seinem Kampf zu unterstützen. Ein Großteil der Bevölkerung Nordfrankreichs griff das Angebot auf, und bald stand der Norden gegen den Süden.

Zwischen 1209 und 1215 verlief das Kampfgeschehen für den Papst und die Armee aus dem Norden sehr gut. Dann kam es jedoch zwischen 1216 und 1225 zu einer Reihe von Aufständen und Niederlagen, durch die fast alle besetzten Gebiete zurückerobert wurden. Schließlich schritt 1226 der französische König Ludwig VIII. ein. Er übernahm das Kommando und räucherte 1244 die letzte katharische Festung Montségur aus. Da war es schon 15 Jahre her, dass Papst Gregor IX. die erste Inquisition eingeleitet hatte, um die Gegend von Ketzern zu säubern.

Man schätzt, dass vor der Einsetzung dieser Inquisition annähernd 200 000 Katharer getötet wurden, aber es ist unklar, ob diese Zahl die Verteidiger der Gruppe mit einschließt. Im Juli 1209 zum Beispiel umzingelte der päpstliche Legat Arnaud-Amaury mit seiner Armee die Stadt Béziers und forderte die Auslieferung der Katharer an ihn. Die etwa 20 000 Einwohner zählende Stadt weigerte sich, obwohl sich in ihr nur etwa 500 Katharer versteckt hielten. Als der Legat von einem anderen Kreuzfahrer gefragt wurde, wie sie die Ketzer von den anderen Stadtbewohnern unterscheiden sollten, soll Arnaud-Amaury geantwortet haben: »Tötet sie alle! Gott kennt die Seinen schon!« Zwischen 10 000 und 20 000 Menschen wurden an diesem Tag niedergemetzelt, von denen die meisten gar keine Katharer waren, so der Augenzeuge Caesarius von Heisterbach.

1233 schließlich begann eine gnadenlose Hetzjagd, bei der Katharer überall, wo man sie fand, verbrannt wurden. Zu diesem Zweck exhumierte man sogar Leichen. Die Perfecti, die das religiöse Gelübde abgelegt hatten, niemanden zu verletzen oder zu töten, konnten sich nicht verteidigen, aber während des gesamten Kreuzzugs kämpften Tausende von Menschen für ihre Interessen, darunter auch viele, die einem anderen Glauben anhingen. Nach einer zehnmonatigen Belagerung, bei der 200 katharische Perfecti und 300 Soldaten rund 10 000 Kreuzfahrern standhielten, entdeckten die kirchlichen Soldaten eine Lücke in den Verteidigungsanlagen von Montségur, so dass die »guten Menschen« nicht länger vor ihnen geschützt werden konnten.

Obwohl die letzte aktenkundige Verbrennung eines Katharers durch die Inquisition erst 1321 stattfand, bedeutete der Fall der Festung Montségur das Ende für die Katharer, die dadurch praktisch ausgerottet wurden. Eine Handvoll Mönche konnte sich mit ihrem »Schatz« davonstehlen, aber die zurückgebliebenen Perfecti gruppierten sich gemeinsam mit ihren Anhängern vor den Soldaten und wurden von diesen auf einen riesigen Scheiterhaufen vor die Burg geführt. Es heißt, dass sie, während sie brennend ihr Leben ließen, eine Lobeshymne an den wahren Gott der Liebe sangen. Ich bin sicher, dass sie das Reich gefunden haben, »das nicht von dieser Welt ist«, wie Jesus es formuliert hat.

Zurück zu Jesus

Interessanterweise sind alle religiösen Geheimgesellschaften ihrem Wesen nach gnostisch. Sie mussten nicht nur wegen der Information, die sie schützten, im Verborgenen agieren, sondern auch, weil deren Bekanntgabe für das Establishment ein Schlag ins Gesicht gewesen wäre. Gnostiker haben im Lauf der Jahrhunderte immer wieder versucht, aufzustehen und die Wahrheit über eine liebende Vater- *und* Muttergottheit, das Überleben Christi und seine Blutlinie zu verkünden; aber jedes Mal nannte man sie Ketzer und ächtete, verfolgte und tötete sie.

Zurzeit jedoch kommen die Informationen in rascher Abfolge und mit großer Vehemenz ans Tageslicht. Ich persönlich besitze nicht weniger als 50 Bücher, die bestätigen, was ich auf diesen Seiten erzählt habe und was Francine mir vor Jahrzehnten berichtete. Und diese Worte entstammen nicht etwa meinem Ego; ich möchte Ihnen damit vielmehr sagen, dass nicht jeder, der so denkt, dies tut, weil er in Trance geht oder seine Geistführerin hört wie ich. Tausende von Menschen haben mir nach der Lektüre meiner Bücher (die mir, wie ich weiß, von der geistigen Welt eingegeben wurden) mitgeteilt: »Was Sie gesagt (oder geschrieben) haben, hat tief in meiner Seele vollkommen glaubhaft geklungen«, oder: »Das habe ich schon immer gedacht, aber ich konnte es nicht ausdrücken – und wenn ich doch versuchte, es irgendjemandem zu erzählen, hatte ich immer Angst, er könnte mich für verrückt halten.« Nun, ich glaube, dass die universelle

Wahrheit in jedem Menschen wohnt und einen guten Resonanzboden bildet. Das gilt besonders für Jesus – seine Worte waren so einfach und wahrhaftig, dass sie sich bis heute anfühlen, als seien sie geradewegs in unsere Seele eingraviert.

Ich habe immer geglaubt, dass Jesus Gnostiker war, denn er war Essener; die Essener waren eine der abtrünnigen Sekten der jüdischen Religion. Ihr wichtigstes Zentrum war Qumran, wo die Schriftrollen vom Toten Meer gefunden worden waren. In dem von Oddvar Olsen zusammengestellten und herausgegebenen Buch *The Templar Papers* trägt Sandy Hamblett (die eine Zeitschrift namens *The Journal of the Rennes Alchimist* herausgibt und für diese auch Artikel verfasst) in einem Kapitel neuere archäologische Beweise dafür zusammen, dass die Essener zur Zeit Christi auf dem Berg Zion in Jerusalem lebten. Sicher fragen Sie sich, warum ich das in diesem Zusammenhang erwähne. Nun, der Berg Zion war angeblich exakt der Ort, wo das letzte Abendmahl stattfand, außerdem befand sich dort über tausend Jahre später die Kommandozentrale der Tempelritter!

Ein weiteres Indiz für meine Behauptung ist die Entdeckung des »Essenertors«. Es führten viele Tore nach Jerusalem, die alle entweder nach den Stadtbezirken benannt waren, zu denen sie führten, oder nach den Städten, zu denen ihre Position auf der Außenseite führte. (Das Damaskustor etwa lag in Richtung Damaskus.) Die archäologische Entdeckung des Essenertors wurde anhand der Überreste einer alten Mauer gemacht, die in der Vorzeit den Berg Zion einmal umspannt hatte; nun ist bekannt, dass die Essener ihre Aufenthaltsorte stets mit solchen Einfriedungen versehen hatten, damit die Allgemeinheit draußen blieb. Jesus allerdings soll sich ungehindert in der ummauerten Gemeinschaft dieser Gnostiker bewegt haben.

Der Archäologe und Benediktinerpater Bargil Pixner fand außerdem die Überreste ehemaliger Bäder, die genauso konstruiert waren wie die in Qumran; und die Essener waren sehr für ihre Hygiene- und Reinheitsrituale bekannt. Als Pixner sein Material einem bekannten israelischen Archäologen präsentierte, erwiderte dieser: »Hier haben Sie einen hervorragenden Beweis dafür, dass die Essener in diesem Viertel Jerusalems lebten.«

Interessant ist auch die Feststellung, dass die jüdischen Christen in jenen frühen Tagen offenbar in einem Maße akzeptiert wurden, das es ihnen sogar erlaubte, in Jerusalem eine Kirche zu bauen. Und was meinen Sie, wo diese Kirche stand? Genau – auf dem Berg Zion. Sie hieß »Kirche der Apostel« und war an genau der Stelle errichtet worden, die während des ersten jüdischen Aufstands 67–68 n. Chr. von den Römern zerstört worden war und an der in einer Essener-Synagoge das letzte Abendmahl stattgefunden hatte.

Aufgrund seiner Forschungen theoretisierte der berühmte Archäologe Yigael Yadin, Christus habe eine schismatische Sekte innerhalb der Essener angeführt. Nun ist inzwischen auch bekannt, dass Johannes der Täufer ein prophetischer Führer, ein Essener und ein Cousin

Jesu war – hat also Jesus nach dem Tod von Johannes die Führung dieser Gruppe übernommen? Viele glauben das. Es ist auch bekannt, dass Johannes der Täufer einigen seiner Schüler sagte, sie sollten sich der Gruppe Christi anschließen – unter diesen war auch Johannes, der Lieblingsjünger Jesu. Wenn man Sandy Hamblett Glauben schenkt, so bewegen wir uns von hier aus geradewegs »in die gnostische Theologie und die Theologie des Johannesevangeliums«.

Rund tausend Jahre später betraten die Tempelritter (die oft auch »Johanneische Christen« oder »Ritter des heiligen Johannes« genannt wurden) die Weltbühne, und viele spekulieren, sie hätten dies getan, um die Nachkommen Christi zu beschützen. Damit haben wir also die gesamte Entwicklung der merowingischen Geschlechterfolge und der frühen jüdisch-christlichen Sekten auf dem Tisch, die in der Folge zu gnostischen Christen wie etwa den Katharern wurden.

Warum aber lösten die so genannten Geheimnisse, in deren Besitz die Gnostiker waren, eine solche Welle aus Hass, Kriegen und Rebellion aus? Nun, Sie müssen sich vor Augen führen, wie einflussreich und mächtig die katholische Kirche zu jener Zeit war. Wenn sich jemand nicht an ihre dogmatischen Regeln hielt, gab man ihm deutlich zu verstehen, dass er in die Hölle kommen würde. Diese Einstellung förderte das Ablasswesen (das im Übrigen auch die Schatzkammern der Kirche reichlich füllte); bei dieser Methode ging es im Grunde darum, dass Leute der Kirche Geld dafür bezahlten, damit diese ihre toten oder sterbenden Angehörigen von Sünden freisprach, so dass ihnen die Hölle erspart bleiben würde.

Nach der von Martin Luther angeführten Reformation korrigierte die Kirche ihre Ansichten und Praktiken, und auch die Gründung der Anglikanischen Kirche in England rüttelte sie mächtig auf. Allerdings gerieten Jesus und seine Lehren bald wieder zur Nebensache, als Katholiken und Protestanten darüber stritten, wer über die christliche Bevölkerung der westlichen Welt herrschen sollte.

Beide Glaubensrichtungen übernahmen die paulinische Interpretation des Lebens und der Lehren Christi und machten ihn zu dem Sohn Gottes, der gekreuzigt worden und wiederauferstanden war. Sie konnten einfach nicht akzeptieren, dass Jesus verheiratet gewesen war und Kinder gehabt hatte, denn sie meinten, in diesem Falle könne er nicht göttlich sein. Und wäre Jesus nicht am Kreuz umgekommen, würden ja auch die Schuldgefühle wegfallen, die man den Menschen mit der Aussage machen konnte, er sei »für unsere Sünden« gestorben. Außerdem hätte dann die Voraussetzung für seine Auferstehung nicht mehr existiert. Das führte dazu, dass die Bibel stark nachbearbeitet und von einer ganzen Reihe von Evangelien »gesäubert« wurde. *Alles* musste auf die paulinische Ansicht zurechtgestutzt werden.

Die Gnostiker dagegen verehrten zwar die Lehren Christi, sagten aber, er sei lediglich einer der Boten Gottes gewesen. Sie wussten um seine Ehe und seine Kinder und waren sicher, dass er nicht am Kreuz gestorben war, menschliche Züge hatte und aufgrund dessen nicht »Gott« genannt werden konnte. Sie glaubten außerdem an eine duale Gottheit aus Gottvater und Gottmutter und vertraten die Auffassung, man könne diese Gottheit überall anbeten und ihr Reich würde sich in jeder einzelnen Menschenseele befinden.

Als Katharer und Tempelritter versuchten, diese wahren Botschaften zu verbreiten, wurden sie von den Christen ausgerottet. Warum? Weil ihre Lehren von Liebe, Vergebung und Trost sprachen, sie den Menschen keine Strafen androhten und die Angst als abschreckendes Mittel dadurch wegfiel. So etwas trieb die Leute natürlich nicht gerade in den Schoß der Kirche, sondern ließ vielmehr das große Geschäft mit der Rettung der Seelen platzen. Um der Verfolgung zu entgehen, begannen sich gnostische Untergrundgruppen zu bilden; sie hofften, lange genug zu überleben, um den Menschen die wahre Mission Christi mitteilen zu können.

Immer mehr von der Wahrheit kommt ans Licht ...

Das nächste Geheimnis, von dem ich sprechen möchte, scheint auf den ersten Blick nichts mit dem Thema dieses Buches zu tun zu haben, aber wenn Sie weiterlesen, werden Sie sehen, wie gut es sich hier einfügt.

Es ist ganz erstaunlich, was für Zufälle es gibt – wenn ich an einem Projekt arbeite, kommt es regelmäßig vor, dass Leute mit unorthodoxen Informationen zu genau dem Thema aufwarten, über das ich gerade schreibe, und zwar ohne dass ich es überhaupt erwähnt hätte. Kurz vor Beendigung dieses Buches passierte es wieder. In den letzten zwei Tagen gab es plötzlich überall im Fernsehen Sendungen über bislang unkommentierte gnostische Schriften, die bereits in den 1970er Jahren entdeckt und von der National Geographic Society verwahrt worden waren. Offenbar hatte diese zuerst vier bis sechs Gelehrte damit beauftragt, die mehr als 1000 Jahre alten Papyrusschnipsel zu Studien- und Übersetzungszwecken zusammenzusetzen; erst dann fühlte sich die Gesellschaft offenbar bereit dazu, das Material an die Öffentlichkeit zu geben. Die Entdeckung war nichts anderes als das Evangelium des Judas.

Die Sache ist deshalb fast beängstigend pünktlich eingetreten, weil meine Geistführerin Francine Judas seit Jahren verteidigt, und ich bin sicher, es hat viele Leute schockiert, dass sie in dieser Hinsicht keinen Rückzieher machen wollte. Ich habe es sogar in meinen Vorträgen angesprochen, indem ich sagte, Judas habe das, was er getan hat, tun müssen, damit das Komplott für den so genannten Kreuzestod Christi realisiert werden konnte. Außerdem habe ich Judas als Beispiel für das angeführt, was passieren kann, wenn wir andere vorschnell verurteilen.

Im Mai 1972 kam es während einer Trance zu einem intensiven Austausch zwischen unserem frühen Studienzirkel (von dem die meisten Mitglieder noch aktiv dabei sind) und Francine. Sie sprach gerade über das

Leben Jesu, als jemand nach Judas fragte. Die Niederschrift der Sitzung bestätigt, dass sie im Besonderen erklärte: »Er ist über sehr viele Jahrhunderte hinweg zu Unrecht geschmäht worden – in Wirklichkeit war er eine überaus wichtige Schachfigur, die dazu beitrug, dass die Verschwörung zwischen Pontius Pilatus und Christus wie geplant ablaufen konnte. Sie mussten [die Kreuzigung] echt aussehen lassen, damit der Sanhedrin daran glaubte. Judas musste hingehen und Jesus als Verräter opfern. Christus selbst bat ihn darum, dies zu tun, obwohl Judas es nicht wollte.« Sie sagte dann, Jesus habe ihn überredet, diese Rolle zu spielen, weil er niemandem sonst vertrauen konnte. Also übernahm Judas den Part des Verräters und wurde seither immer als solcher an den Pranger gestellt.

Ich habe dies hier eingeschoben, weil es ein wesentlicher Bestandteil des geheimen Wissens ist, das die Gnostiker mit sich herumtrugen. Ein paar meiner Geistlichen sagten: »Wir hätten die Ersten sein sollen, die das veröffentlichen«, aber ich erklärte ihnen, es sei damals eben nicht der richtige Zeitpunkt gewesen. In den 1970ern war die Welt noch nicht bereit, diese Information zu erfahren, denn das spirituelle Bewusstsein steckte noch in den Kinderschuhen, und alle folgten den Regeln auf geradem Wege. Erst in den 1980er Jahren fingen die Leute an, die Dinge mehr in Frage zu stellen, aber selbst damals wurden meine Gruppe und ich noch scheel angesehen, denn viele wussten nicht, ob wir einem Wahn anhingen oder einfach komplett verrückt waren.

Es ist, wie die Bibel sagt: Alles hat seine Zeit. Ja, wir kannten die Information lange bevor sie an die Öffentlichkeit gegeben wurde, na und? Meine Philosophie war immer, dass es mir egal ist, wer die Wahrheit ans Tageslicht bringt, solange die Leute dadurch anfangen nachzudenken und in irgendeiner Form darauf reagieren. Wie ich schon tausendmal gesagt habe: Hört zu, informiert euch, lest, denkt nach, zieht für euch das heraus, was ihr für richtig haltet, und vergesst den Rest.

Ich finde es einfach wunderbar, dass etwas, das jahrhundertelang verborgen geblieben ist, schließlich ans Licht kommt. Wenn ich in der Schule eine Frage stellte, war ich mit der Antwort oft nicht zufrieden. »Es gibt keine Antwort, denn es ist ein Geheimnis«, erklärte man mir nämlich dann. Heute weiß ich von Francine, dass es für jede denkbare Frage eine logische Erklärung gibt, die von Gott kommt. Warum sollten wir einen neugierigen Geist mitbekommen haben, wenn nicht vorgesehen wäre, dass wir die Wahrheit erfahren?

Warum sind die Geheimnisse, die den Essenern, Templern, Katharern und anderen Gnostikern bekannt waren, so umstritten? Warum erschüttern sie die Welt so, obwohl sie die Gottheit oder die Botschaften Christi in keinster Weise beeinträchtigen? Jesus hat immer versucht, seinen Anhängern seine Gedanken so nahezubringen, dass sie sie verstehen konnten. Er sprach in Gleichnissen zur ungebildeten Masse, damit sie besser begriff, was er sie zu lehren versuchte. Er drückte sich nie mystisch oder rätselhaft aus und beantwortete im Gegensatz zu vielen religiösen Organisationen von heute eine Frage nie mit: »Es ist ein Geheimnis.«

Wer bei meinen Vorträgen war oder meine Bücher gelesen hat, weiß, dass ich immer erkläre, Gnostiker würden versuchen, sich an die Worte Christi zu halten, egal ob diese in der Bibel oder anderen Texten wie den Apokryphen stehen, und eigene Interpretationen unterlassen. Aber es ist offensichtlich, dass fast alle christlichen Konfessionen Jesu Worte so deuten, wie es ihren Bedürfnissen entspricht. Das bringt uns zum letzten Kapitel dieses Buches, in dem ich aufzeige, wie viel Korruption und Geheimniskrämerei die Folge sein können, wenn die Wahrheit verdreht oder zurückgehalten wird.

Kapitel 16

Verschwörungstheorien und Korruption

Viele geheime Organisationen, brüderliche Gruppen und sogar Religionen fangen mit den besten Absichten an, werden dann aber durch das Ego und die Pläne Einzelner korrumpiert. Obwohl Jesus predigte, nicht die Welt sei unser Königreich, handeln viele Leute zu ihrem persönlichen Vorteil ... selbst wenn sie ihrer Meinung nach eine bessere Welt aufbauen. Offenbar sind sie davon überzeugt, Vertuschung und Grausamkeit seien »notwendige Übel«, damit es dem Gros der Menschheit besser geht.

Viele Regierungen auf dieser Erde arbeiten mit der gleichen Methode; tatsächlich ist es gar nicht so weit hergeholt zu behaupten, dass auch sie Geheimgesellschaften seien. Denn schließlich wissen wir nur das, was ihre Führungspersonen uns sagen oder was ein paar neugierige Reporter ans Tageslicht bringen. Verstehen Sie mich nicht falsch – die Vereinigten Staaten sind das freieste Land, das ich je erlebt habe, aber wir müssen uns ernstlich fragen, wie lange das so bleiben wird. Zugegeben, wir haben den *Freedom of Information Act**, aber ich

---

* Das – durch zahlreiche Ausnahmen eingeschränkte – Recht jedes US-Bürgers, Zugang zu Dokumenten der Exekutive zu fordern. (A. d. Ü.)

wage zu behaupten, dass 95 Prozent meiner Mitbürger noch nicht einmal wissen, was das ist … und selbst wenn man sich auf ihn beruft, wird man dadurch nur wenige Informationen bekommen.

Eigentlich wissen wir Bürger sehr wenig über das, was unsere Regierung an geheimen Aktivitäten tagtäglich so treibt. Wie viele von uns können zum Beispiel genau sagen, was die CIA tut oder in der Vergangenheit getan hat? Ich sage nicht, dass diese Organisation schlecht ist, denn ich bin überzeugt davon, dass vieles von dem, was sie tut, der inneren Sicherheit und dem Schutz unseres Landes dient; Tatsache ist aber auch, dass sie im Lauf der Jahre ein paar ziemlich schreckliche Dinge verbrochen hat.

So ist zum Beispiel bekannt, dass CIA, FBI und verwandte Gruppen Diktatoren rund um den Globus aufgerüstet haben, die ihre Absichten daraufhin um 180 Grad gewandelt und Völkermord begangen haben. Wann kommt da endlich die Moral ins Spiel? Wann sagt jemand Stopp, damit solche Vorfälle endgültig aufhören, auch wenn sie die Interessen unseres Landes fördern mögen?

Ich weiß, dass das nach George Orwells *1984* klingt, aber denken Sie einmal darüber nach: Wie viel Freiheit haben wir wirklich? Jeden Tag werden überall auf der Welt Menschen wegen ihrer ethnischen Zugehörigkeit, ihres Geschlechts, ihrer sexuellen Orientierung und ihrer Religion verfolgt. Diejenigen, die an der Macht sind, können Kriege anzetteln; Lobbyentwürfe zu Gesetzen machen; über unsere Versorgung mit Gas, Strom und

Nahrung bestimmen; und kontrollieren, was wir tun und sagen. Wenn sogar in Amerika Steuerformulare verkauft, Identitäten gestohlen, Unterhaltungen aufgezeichnet und in unzähligen weiteren Bereichen die persönlichen Rechte eingeschränkt werden, was bleibt dem Durchschnittsbürger dann noch übrig?

Nun, wir können weiterleben und versuchen, das Beste daraus zu machen. Es ist unsere Aufgabe, die Beziehungen zu Freunden und lieben Menschen zu pflegen und dafür zu beten, dass keiner von ihnen in eine Sucht, die Kriminalität oder eine okkulte Gruppe hineingerät. Ich glaube fest an den menschlichen Geist – und an die Spiritualität. Denken Sie beim Lesen der nächsten Seiten daran, dass unsere Welt zwar ein finsterer Planet ist, dass dies aber nicht heißt, wir könnten unser eigenes Licht nicht leuchten lassen.

Eine Warnung von Francine

Wie ich bei meinen Vorträgen und Fernsehauftritten gesagt habe, erleben geheime und oftmals okkulte Gruppen einen Aufschwung, da derzeit viel von unserem religiösen Glaubensgerüst auseinanderbricht. Solche Vereinigungen entstehen im Allgemeinen aus einem Gefühl der Verlorenheit heraus, das elementare menschliche Bedürfnisse in den Vordergrund rückt. Obwohl die Suchenden von spirituellen oder politischen Geheimgesellschaften angezogen werden, existieren da draußen in der Welt auch andere Gemeinschaften, die sie als interessant erachten. Die Aktivitäten dieser Organisationen erscheinen so bizarr und abnormal (zum Beispiel Blut trinken, Lebewesen opfern etc.), dass ich sie als »Randgruppen« bezeichne.

Meine Geistführerin Francine sagt, viele der Gründer dieser Gruppen seien eindeutig »dunkle Wesen«. Sie haben bei dem Versuch, auf jede erdenkliche Weise an die Macht zu kommen, ihr Ego über ihren Intellekt siegen lassen und sich so von Gott getrennt. Dunkle Wesen wollen diese Erde für sich gewinnen – was aber nie geschehen wird, denn »weiße Wesen« (also die meisten Menschen auf der Welt) können sich nicht in dunkle verwandeln. Trotzdem schließen sich viele weiße Wesen Randgesellschaften und Sekten an – aus Unwissenheit, weil sie nach Spiritualität suchen, oder weil ein charismatischer Führer sie anlockt.

Zum Beispiel waren die meisten Unglücklichen, die in Jim Jones' Sekte starben, weiße Wesen auf der Suche nach einem Messias. Jones selbst war natürlich ein dunkles Wesen, das in seine eigene Gier und Selbstgefälligkeit verliebt war. Vielleicht fragen Sie sich, warum die weißen Wesen das nicht durchschaut haben … Nun, viele durchschauten es sehr wohl. Leider saßen sie damals ohne Fluchtmöglichkeit in Guyana fest. Ich bin sicher, dass viele von ihnen das Kool-Aid nur getrunken haben, weil es ihnen in ihrer Hilf- und Hoffnungslosigkeit als einziges Mittel erschien, um der Tyrannei und der Gehirnwäsche eines Verrückten zu entkommen.

Wir können auch nicht davon ausgehen, dass jeder, der

Adolf Hitler folgte, so niederträchtig war wie er selbst.
Viele jener Männer und Frauen waren vom Charisma
des Diktators fasziniert; sie vergötterten ihn, weil er den
Deutschen nach der Niederlage im 1. Weltkrieg endlich
wieder das Gefühl gab, auf ihr Land stolz sein zu können. Als die Macht ihn korrumpierte und seine Antwort
darauf unzählige Gräueltaten waren, fürchteten viele
seiner Anhänger selbst um ihr Leben. Und die weißen
Wesen, die ihn anfangs verehrt hatten, bekämpften ihn
schließlich.

Francine bestätigt, dass »jedes weiße Wesen manipuliert werden kann, letztendlich aber wie ein Gummiband
wieder auf seinen ursprünglichen Kurs zurückschnellt«.
Sie fährt fort: »Aufgrund der negativen Schwingung auf
umserem Planeten gibt es wahrscheinlich niemanden, der
noch nicht auf irgendeine Weise von dunklen Kräften
manipuliert worden ist.« Und sie warnt davor, dass viele
Gründer von Geheimgesellschaften auf das falsche Ego
und die Ängste der Menschen setzen würden. (Mit anderen Worten: Ihnen wird versprochen, dass sie in den
Himmel kommen oder eine andere Belohnung erhalten
werden, wenn sie dem Gruppenführer folgen.) Moral
bedeutet diesen Leuten im Allgemeinen wenig, und sie
halten es für vollkommen in Ordnung, andere zu ihrem
eigenen Vorteil auszubeuten.

Meine Geistführerin berichtet, dass einige dieser geheimen Organisationen das Weltgeschehen schon jetzt
massiv manipulieren: Sie verursachen Epidemien (Aids in
Afrika?), Probleme mit der Nahrungsmittelversorgung

(Rinderwahn?), Energiekrisen (Stromausfälle und Gas-knappheit?) und Krieg (im Mittleren Osten, Vietnam, Korea, Bosnien?). Und falls Sie meinen, das sei beängstigend, dann setzt Francine noch einen drauf: Sie sagt, diese Aktionen seien nur kleine Blessuren vor dem großen Knall.

Die unvermeidliche Frage »Und was sollen wir jetzt tun?« möchte ich mit einer Aussage beantworten, die Francine vor dreißig Jahren vor meinem Studienzirkel machte:

»Eure spirituelle Essenz wird sich verstärkt bemerkbar machen, und ihr werdet auf eine gnostische Suche gehen, um das zu finden, was Jesus verkündet hat: eure eigene spirituelle Wahrheit, die nicht nur in euch ist, sondern auch außerhalb von euch. Schon allein dadurch bekämpft ihr das Negative. So irrsinnig zur Jahrhundertwende[denken Sie daran, dass sie das in den 1970ern sagte] alles werden wird – die Vernunft wird umso beherzter kämpfen, um es zu überwinden.

Denkt daran, dass das Reinkarnationsschema dieser Erde sich seinem Ende nähert. Weil zu viele Wesenheiten ihren Zyklus vollenden wollen, kommen sie immer wieder müde und verstört hier an – sie haben nicht genug Zeit darauf verwandt, ausreichend spirituelle Kraft und Essenz zu tanken, und so erscheinen sie wie Lemminge, die sich ins Meer stürzen.«

Francine war wirklich die Stimme in der Wüste, und ich staune über ihre Prophezeiungen zum Weltgeschehen so viele Jahre, bevor die Ereignisse eintraten. Sie sprach

zum Beispiel über biologische Kriegführung und erklärte, es werde in den nächsten Jahrzehnten viele merkwürdige Krankheiten und Leiden geben. Und sehen wir nicht
heute, dass dies Wirklichkeit geworden ist? Denken Sie
an Fibromyalgie, das chronische Erschöpfungssyndrom,
das Epstein-Barr-Virus, die Legionärskrankheit, SARS
und die Vogelgrippe. Francine sagte auch, Multiple Skle-
rose und Amyotrophe Lateralsklerose (ALS) würden zu-
nehmen, die Alzheimer-Krankung würde weiter um sich
greifen, und immer mehr Kinder wären von ADS (Auf-
merksamkeitsdefizitstörung) und ADHS (Aufmerksam-
keitsdefizit-/Hyperaktivitätsstörung) betroffen.

Was die so genannten Aufmerksamkeitsstörungen betrifft, bin ich allerdings immer noch unschlüssig, denn
ich glaube nicht, dass sie existieren; darüber hinaus wird
die Diagnose viel zu vielen Menschen gestellt, die eindeutig nicht an dieser Krankheit leiden. Sobald sich jemand nicht in eine vorher festgelegte Kategorie einfügt,
verpassen wir ihm offenbar gleich ein Etikett, das ihm
ein Anderssein – anders als das »normale« menschliche
Erleben – attestiert, und dann ächten oder meiden wir
ihn. Ist diese Vorgehensweise so viel anders als Hitlers
Versuch, eine reine arische Rasse zu begründen? Auf
menschliche Unvollkommenheiten wird seit jeher mit
Angst und Engstirnigkeit reagiert.

Die Geheimniskrämerei und die Lügen des Vatikans

Bei der Erörterung von Verschwörungstheorien und Korruption können wir die katholische Kirche natürlich nicht ausklammern. Sehen wir uns zum Beispiel Papst Bonifatius VIII. an. Er wurde 1294 zum Papst gewählt, nachdem Papst Coelestin V. abgedankt hatte – und eine seiner ersten Maßnahmen bestand darin, Coelestin in Gefangenschaft zu nehmen, bis dieser ehemalige Papst 1296 im Alter von 81 Jahren starb. Bonifatius wurde später dafür bekannt, dass er die Jubeljahre mit ihrem speziellen Ablasswesen institutionalisierte, 1302 die berühmte Bulle *Unam Sanctam* herausgab und in »diesseitige« Angelegenheiten verwickelt war, die zur Feindschaft zwischen der Kirche und verschiedenen Herrschern führten, insbesondere König Philipp IV. (»Philipp der Schöne«) von Frankreich.

Von Bonifatius stammen einige der kühnsten Behauptungen zur spirituellen Vorrangstellung des Papsttums. Er verkündete zum Beispiel: »Es ist zum Heil für jedes menschliche Wesen durchaus unerlässlich, dem römischen Papst unterworfen zu sein.« Mit König Philipp IV., der die Kirche massiv besteuerte, um seine Kriege finanzieren zu können, stand er permanent im Zwist. 1303 wurde Philipp von Bonifatius exkommuniziert, was letztendlich dazu führte, dass der König ihn überfallen und gefangen nehmen ließ.

Wie Sie sehen, war Papst Bonifatius VIII. in seinen Beziehungen zu anderen und in seinen Meinungsäuße-

rungen nicht gerade zimperlich. Viele andere Kirchen-
personen liebten ihn nicht, sondern fürchteten ihn, vor
allem weil er die folgenden Aussprüche getätigt haben
soll (was einige Gelehrte allerdings bestreiten):

- »Die christliche Religion ist genauso Menschenwerk
  wie der Glaube der Juden oder Araber.«
- »Die Toten stehen genauso wenig auf wie mein Pferd,
  das gestern gestorben ist.«
- »Als Maria Christus geboren hat, war sie genauso wenig Jungfrau wie meine Mutter, als sie mich geboren
  hat.«
- »Geschlechtsverkehr und die Befriedigung der Na-
  turtriebe ist so wenig ein Vergehen wie Händewa-
  schen.«
- »Paradies und Hölle gibt es nur in dieser Welt; wer
  gesund, reich und glücklich ist, hat das Paradies auf
  Erden; die Armen und Kranken haben die Hölle auf
  Erden.«
- »Die Welt wird immer existieren, nur wir nicht.«
- »Alle drei Religionen und besonders das Christentum
  enthalten neben Wahrem viel Falsches. Die Reihe des
  Unwahren ist lang, sie schließt Dreieinigkeit, jung-
  fräuliche Geburt, die göttliche Natur Jesu, die Ver-
  wandlung von Brot und Wein in den Leib Christi bei
  der Eucharistie und die Auferstehung der Toten mit
  ein.«

Starker Tobak … und Stoff zum Nachdenken über die
vermeintlichen Anschauungen des Christentums und die
Frage, ob es denn nun tatsächlich auf Lügen und Täu-

schungen aufgebaut wurde oder nicht. Denn schließlich stammen diese Aussagen angeblich von einem Papst, der in den Wissensschatz seiner Religion eingeweiht war.

Francine sagt, wenn wir in die geheimen Archive des Vatikans hineinkämen, würden wir die Wahrheit erfahren. Denn wenn die katholische Kirche wirklich nichts zu verbergen hätte, müssten wir diese Archive doch aufsuchen und einsehen können? Auch wenn einige Abteilungen vor kurzem für Gelehrte ihre Pforten öffneten, ist beim Zugriff sicher selektiert worden. Als die berühmte Autorin Taylor Caldwell für Jess Stearns Buch *The Search for a Soul: Taylor Caldwell's Psychic Lives* unter Hypnose eine Rückführung machte, brachte ihr Führer Darios so viele Informationen mit zurück, dass der Vatikan daraufhin Kontakt zu Stearn aufnahm und von ihm wissen wollte, wer für sie in seinen Mauern spioniert habe. Wahrscheinlich wird das Misstrauen einem zur zweiten Natur, wenn man seinen Glauben auf jahrhundertelanger Geheimniskrämerei aufgebaut hat.

Ich kann daraus nur folgern, dass die Kirche offenbar der Meinung ist, die Wahrheit würde ihr schaden oder könnte sie sogar vernichten. Denn warum sonst rückt sie nicht heraus mit ihrem Wissen, das vollkommen neue Erklärungswege zu den kürzlich aufgetauchten Erkenntnissen über Jesus, Maria Magdalena, die Schriftrollen vom Toten Meer und die Nag-Hammadi-Schriften erschließen könnte? Ich bin sicher, dass die meisten Kirchenoberen gar nicht wissen, was in den tiefen Gewölben an alten Manuskripten lagert, daher müssen wir mit unserem Urteil zurückhaltend sein. Aber es steht uns frei, weiter nach den Informationen zu fragen, die sie schon so lange unter Verschluss halten.

∞

Die katholische Kirche hat über weite Strecken ihrer Existenz interne Turbulenzen erlebt und, wie ein Blick auf die Geschichte zeigt, viel Grausamkeit und Angst heraufbeschworen. Millionen mussten durch ihre Kreuzzüge, die Inquisition und ihren ständigen Drang nach Reichtum, Kontrolle und Macht ihr Leben lassen. Jahrhundertelang verfolgte die Kirche immer das gleiche Ziel: die Armen unterjochen und im Namen Gottes zu Krieg und Veränderung aufrufen.

Selbst die Renaissance brachte für die Armen keine großartigen Verbesserungen, wohingegen Künste und Wissenschaften einen Aufschwung erlebten. Die Zeit der vielen kleinen Lehen war vorbei; stattdessen entstanden mächtige Länder wie England, Frankreich und Spanien. Die Kriege aber gingen weiter, und mit ihnen die politischen Ambitionen und die Machtgier der Kirche.

In dieser Zeit entstanden mehr Geheimgesellschaften als je zuvor. Manche strebten nach Reichtum und Macht, die sie durch eine neue Weltordnung zu erreichen suchten, während andere (etwa die Katharer) einfach Gott auf ihre eigene Weise anbeten wollten. Es ist interessant, dass diejenigen Untergrundgruppen, die nach Religionsfreiheit strebten, meist vernichtet wurden, während jene, die mit Macht, Reichtum und Kontrolle liebäugelten, auch heute noch existieren. Die irdische Ebene ist offenbar wirklich ein Ort, an dem das Böse üppig wächst und gedeiht – was zu einem nicht geringen Teil an der Gier der Menschheit nach Macht und Reichtum liegt, vor allem bei den Religionen dieser Welt. Nun, der Fairness halber muss ich sagen, dass die heutige katholische Kirche sich stark von der mittelalterlichen unterscheidet. Aber erleben wir nicht immer noch, dass Religionen überall Chaos und Verwüstung anrichten, wenn auch auf subtilere Art und Weise?

Persönlich gesagt ...

Ich weiß, ich klinge wie die ärgste Feindin der Kirche, aber ich versichere Ihnen, dass ich das nicht bin; eigentlich machen mich diese ganzen negativen Informationen todunglücklich. Ich wollte ursprünglich Nonne werden und habe die 18 Jahre, die ich als Lehrerin an einer katholischen Schule verbrachte, wirklich sehr genossen, aber letztendlich ließ es mir keine Ruhe, und ich musste einfach sagen, was ich für wahr hielt. Wenn meine Vorbehalte den Baptisten, den Mormonen oder der Episkopalkirche gegolten hätten, wäre mein Verhalten auch nicht anders gewesen. Wenn ich eines bin, dann aufrichtig, und alle Informationen, die ich Ihnen auf diesen Seiten mitteile, kann man leicht in den Geschichtsbüchern nachlesen.

Als ehemalige Katholikin (die ich im Herzen auch jetzt

noch ein bisschen bin) beklage ich manchmal, dass die Kirche sich ganz anders hätte entwickeln können, aber die Grausamkeiten, Morde, Korruptionen etc., die sie in ihrer langen und problematischen Geschichte begangen hat, kann ich nicht einfach so übergehen. Ich wünschte nur, die bedeutsamen Männer im Vatikan wären aufrichtiger. Ich habe mich im Lauf der Jahre mit vielen Nonnen und Priestern angefreundet und weiß aus erster Hand, dass diese wunderbaren Menschen Tag für Tag vollkommen selbstlos ihren vielen Mitbürgern helfen, während die Unterhändler der Macht ihre Zeit damit vertun, Skandale zu verschleiern. Dies schnürt mir das Herz ab.

Da ich einen Teil meines Lebens im Dienst der Kirche verbracht habe, weiß ich ganz sicher, dass die guten Priester und Nonnen, an deren Seite ich gearbeitet habe, genauso wenig wussten wie ich … nur: Ich hörte nicht auf zu fragen. Während meiner Ausbildung an katholischen Einrichtungen wurde ich des Öfteren ins Büro des Rektors oder Dekans bestellt und bekam zu hören, dass meine Fragen auf ein Geheimnis abzielen würden oder dass ich kein Recht hätte, mich mit Dingen zu beschäftigen, die mich nichts angingen, weil ich eine Frau sei. Oder man erklärte mir, es wäre schrecklich überheblich von mir zu meinen, dass ich auch nur annähernd das wissen könnte, was die großen Theologen wussten. Das brachte mich eine Zeitlang zum Schweigen, aber bald darauf war ich wieder am Fragen stellen.

Mir passt zum Beispiel nicht, dass die Kirche so patriarchalisch ist. Ich bin gewiss keine Aktivistin der Frauenbefreiungsbewegung, aber ich bin der Meinung, dass wir auf derselben Stufe mit den Männern stehen sollten. Die Kirche sieht das natürlich nicht so.

Ich werde nie Pater Freeman vergessen, der zu einem Vortrag an das Mädchen-College St. Teresa (heute die Avila University) kam, das ich in Kansas City besuchte. Er erging sich in einer Tirade über die Schwächen der Frauen und riet ihnen dringend, dass sie an ihrem »Platz« (wo immer der war) bleiben sollten. Ich hörte mir seine Ansprache etwa eine Stunde lang an, aber dann konnte ich nicht mehr an mich halten. Obwohl ich sah, dass die Verwaltungsfrau, Schwester Regina, rot anlief, hob ich die Hand und fragte ihn: »Vater, bei allem gehörigen Respekt, aber wie wären Sie auf diese Welt gekommen, wenn nicht eine Frau Sie geboren hätte? Ob gut oder schlecht, auf jeden Fall sind Sie auf dem Weg hierher gekommen, den Gott für uns vorgesehen hat.«

Er schwieg einen Augenblick und antwortete dann: »Wie heißen Sie?«

»Sylvia Shoemaker.«

»Nun, Fräulein Shoemaker«, sagte er, »Sie hatten Ihre Ansprache und ich meine.« Und damit verließ er das Podium.

Die anderen Mädchen, die den Vortrag besuchten, klatschten Beifall, und ich ging zögernd zu Schwester Regina, die mir in die Augen sah und lächelte. Erst da fiel mir auf, dass mir das Herz bis zum Hals schlug.

Ich erzähle Ihnen diese Geschichte, weil wir sogar noch zu meiner College-Zeit in den 1950er Jahren nur in den Berufen ausgebildet wurden, die für Frauen als »akzeptabel« galten – nämlich im Unterrichten und in der Krankenpflege. Oder wir hatten die Wahl, »gute Hausfrauen« zu sein und auf gehorsame und christliche Weise die Kinder unserer Ehemänner aufzuziehen.

Ich allerdings war ständig mit den Nonnen und Priestern am Debattieren – die Ärmsten, man könnte denken, sie seien froh gewesen, als ich meinen Abschluss machte. Aber erst kürzlich sprach ich mit einer meiner ehemaligen Rektorinnen, die ich immer geliebt und bewundert hatte. Ich entschuldigte mich bei ihr dafür, allen das Leben so schwer gemacht zu haben, und zu meiner Überraschung antwortete sie: »Sei nicht albern! Wir haben dich immer geliebt und wussten, dass du nach Spiritualität und Wahrheit gesucht hast. Außerdem hast du auf diese Weise dafür gesorgt, dass wir auf Zack geblieben sind, denn durch dich waren wir gezwungen, selbst nachzulesen und uns mit den Dingen zu beschäftigen.« Danach fühlte ich mich eine ganze Ecke besser, denn ich brauchte mich beim Gedanken an diese Zeit nicht länger als lästiger Revoluzzer zu fühlen.

Eine andere interessante Geschichte ereignete sich während meiner College-Zeit, als ein befreundeter Jesuit namens Pater Thomas mir erzählte: »Wissen Sie, Sylvia, heute Morgen haben wir uns am Frühstückstisch unterhalten, und aus heiterem Himmel sagte jemand: ›Was wäre eigentlich, wenn sich herausstellen würde, dass wir [die Kirche] der Antichrist sind?«

Diese Aussage entsetzte mich, und ich erwähne sie an

dieser Stelle keinesfalls deshalb, weil ich sie für zutreffend halten würde. Ich will lediglich zeigen, dass die Jesuiten die Dinge meist sehr philosophisch sehen und dabei sogar Themen ansprechen, die mit dem katholischen Dogma kollidieren. Deshalb fühle ich mich ihnen wohl so verbunden – ich hatte schon immer eine Schwäche für Rebellen.

Die Jesuiten werden von manchen Mitgliedern der Kirche heimlich beneidet, weil sie als sehr elitärer Orden gelten. Viele von ihnen bekleiden hohe Positionen in der Kirchenhierarchie, weil sie die Lehrer und Forscher in dieser Religion sind, und viele von ihnen haben bedeutende Universitäten gegründet. Ich erinnere mich daran, dass es in meinem Religionsunterricht am College oft kurze Aussagen oder Anspielungen dahingehend gab, die Jesuiten seien die Abtrünnigen der Kirche, weil man generell annahm, sie wüssten zu viel und könnten aufgrund dessen nicht kontrolliert werden.

Ich erinnere mich, dass einer meiner Lehrer, Pater Hicks (der kein Jesuit war), einmal bemerkte, die Jesuiten seien zu einem bestimmten Zeitpunkt beinahe exkommuniziert worden. Als ich ihn am nächsten Tag auf diese Äußerung ansprach, meinte er stammelnd: »Manchmal sage ich etwas, ohne lange nachzudenken.« Ich glaube, dass der Ruf der Jesuiten auf ihrer Kenntnis der Kirchengeschichte beruht, und diese schließt natürlich auch den gnostischen Einfluss mit ein. Wissen führt auf vielerlei Weise zu Macht, vor allem wenn es sich um so exklusives Wissen handelt, dass die meisten Menschen keinen Zugang zu den entsprechenden Informationen haben. Mich fasziniert auch, dass es von allen Orden die Jesuiten waren, die beschlossen, die Prieuré de Sion zu integrieren.

Wie dem auch sei – nachdem Father Thomas die Möglichkeit in dem Raum gestellt hatte, dass die katholische Kirche der Antichrist sein könne, brauchte ich ein paar Minuten, bis ich mich wieder beruhigt hatte. Schließlich fragte ich meinen Freund, wie in Gottes Namen er auf diese Idee gekommen sei, die mir damals (1954) ziemlich gotteslästerlich erschien. Er erwiderte: »Ach, ich weiß es nicht ... Vielleicht bin ich einfach deprimiert und habe mich deshalb zu intensiv in die Kirchengeschichte hineingekniet und über verschiedene Gruppen zu viel gelesen.«

Erst Jahre später jagte mir diese Antwort im Nachhinein einen Schauder über den Rücken. Je mehr ich über die katholische Kirche herausfinde, desto verwirrender erscheint dies alles, besonders wenn Sie ihr einst so nahe gestanden haben wie ich. Aber noch einmal: Ich bin sicher, dass die meisten Katholiken nichts von alledem wissen und nie den Wunsch verspürten, nach etwas zu suchen, dessen Existenz ihnen gar nicht bewusst war.

Das Problem mit den organisierten Religionen

Das Christentum und insbesondere der Katholizismus kann wahrscheinlich auf die blutigste Geschichte aller großen Religionen zurückblicken. 1998 entschuldigte sich Papst Johannes Paul II. sogar dafür, dass die katholische Kirche im Zweiten Weltkrieg gegen die Nazis so passiv geblieben war. Im März 2000 zeigte er erneut Reue, diesmal wegen der Kreuzzüge, der Verfolgung der Juden und der ungerechtfertigten Tötung von Ketzern. Beide Male blieb er jedoch dabei, dass nur einzelne Katholiken und nicht die Kirche als Ganzes diese Untaten begangen hätten. Er nannte keine Namen, gab aber zu, das Urteil dieser Mitglieder der Kirche sei falsch gewesen.

Leider wurden diese Äußerungen von der Öffentlichkeit kaum zur Kenntnis genommen, und denjenigen, die glauben, der Kirche brauche nichts leidzutun, kommt dies nicht ungelegen. Heute suchen viele Leute nach immer neuen Entschuldigungen, vor allem angesichts der Verwicklung einiger katholischer Priester und Nonnen in Skandale, bei denen es um die sexuelle Belästigung von Jugendlichen geht. Das zeigt nur, wie extrem schwer sich die Kirche damit tut, Fehler zuzugeben – aber wie könnte es ihr jemals möglich sein, sich für wirklich alles zu entschuldigen, was sie im Lauf der Jahrhunderte angerichtet hat? Zur Ehre der Kirche muss man zumindest anführen, dass sie schlussendlich ihr Fehlverhalten teilweise eingeräumt hat, was zwar das Ausmaß ihrer Heuchelei verringert, sicher aber nicht die Menge des von ihr zugefügten Leides. Die gewissenlosen Personen in ihren Reihen jedenfalls müssen mit dem, was sie getan haben, Tag für Tag leben.

Doch kann ich für die moderne katholische Kirche, die versucht, ihre Geschichte und ihre Vertuschungen herunterzuspielen, auch ein klein wenig Sympathie aufbringen ... denn was wäre ihre Alternative? Ihr Weg wurde ihr von korrupten Vorvätern vorgegeben, und ich kann nicht erkennen, dass sich ihr Kurs ändern würde, solange sie nicht dazu gezwungen wird. Die jüngsten Skandale und der unnachgiebige Konservatismus bringen nur ihren Niedergang voran, denn sie hat in der heutigen Zeit eindeutig an Macht verloren. Wegen der Sexskandale gab es viel schlechte Presse, und die Kirche musste Millionen für Gerichtsverfahren zahlen. Es sieht ganz danach aus, als sei sie von ihrem eigenen Karma eingeholt worden.

Wenn die katholische Kirche nicht so reich und mächtig wäre, hätten diese negativen Episoden sie garantiert zu Fall gebracht. Wir sprechen hier jedoch von einer Organisation, die Jahrhunderte alt ist, in der Wirtschaft, im Bankwesen und im Handel mitmischt und in viele verdeckte Aktivitäten verstrickt ist. Für engagierte Priester, die die Wahrheit kennen, aber unter diesem Mantel der Täuschung ihren Dienst tun müssen, ist das sicher sehr schwierig.

Ich will hier auf keinen Fall den Katholizismus an den Pranger stellen, denn er ist mittlerweile tatsächlich zu einer gemäßigten, liebevolleren Religion geworden. Leider erlebe ich dafür, dass zurzeit konservative und evangelikale Glaubensgemeinschaften aus dem Boden schießen; sie verbreiten Hass und Engstirnigkeit und arbeiten mit der Angst vor der Hölle und Gott, um ihre Schäfchen zu kontrollieren und ihnen vorzuschreiben, wie sie zu leben haben.

Wenn Christen sich beim Blick auf den Islam fragen, wie es extremistischen Geistlichen gelingen kann, ihre treuen Anhänger auszusenden, um andere Menschen umzubringen, frage *ich* mich dagegen, wieso christliche Seelsorger und Kirchenleute ihrer Feindseligkeit gegenüber Homosexuellen, Minderheiten und Andersgläubigen freien Lauf lassen können. Solange beide Religionen nicht anfangen, die Goldene Regel (»Behandle andere so, wie du behandelt werden möchtest«) zu predigen, anstatt Hass und Engstirnigkeit zu verbreiten, werden sie nichts als Heuchler bleiben.

Viele Religionen beginnen mit guten Absichten, werden dann aber durch die Gier ihrer Anführer nach Geld und Einfluss korrumpiert. Wenn Reichtum und Macht wichtiger werden als Gott, ist es an der Zeit, eine andere Richtung einzuschlagen. Und wenn jemand die Bibel zitiert und dann sagt: »Und jetzt sage ich dir, was das bedeutet«, dann seien Sie auf der Hut!

Ich glaube, dass Sie Gott lieben und anbeten können, egal wer und wo Sie sind. Sie können sich einer religiösen Organisation mit Lehren und Dogmen anschließen, aber sehr viel wichtiger ist, dass Sie sich frei fühlen, Gott wirklich zu lieben. Jede Gruppe, die Ihnen sagt, wie Sie leben sollen, was Sie essen oder tun sollen, und zur Durchsetzung ihrer Regeln mit Schuld, Sünde und Exkommunikation droht, ist eine okkulte Organisation. Leider passt dieses Etikett auf viele Religionen unserer Welt, die allesamt zu Geheimgesellschaften geworden sind und Informationen zurückhalten.

Meine Geistführerin Francine sagt, keine Religion habe als Einzige die Wahrheit für sich gepachtet – alle haben ihre Vorzüge, nur ihr Weg, Gott zu huldigen, unterscheidet sich. Aber solange Judentum, Christentum und Islam einander weiter in Worten und Taten niedermachen, setzen sie das Böse und die Scheinheiligkeit fort und wir werden nie aus dem »finsteren Zeitalter der Religion« herausfinden. Alle drei müssen anfangen, ihren Kurs zu revidieren, und fortan Toleranz, Freundlichkeit und Nächstenliebe lehren.

Gott hat uns alle gleich erschaffen, und da jeder seine eigene Beziehung zu Ihm hat, kann niemand behaupten, der eine sei besser als der andere. Glaube und Religion sind so persönlich wie kaum etwas anderes auf der Welt. Und weil nur Sie wissen, wie weit und wie tief Ihr Glaube ist, können Sie nur für sich selbst sprechen.

Anders gesagt: Wir können weder den Glauben anderer Leute beurteilen, noch können wir über ihre Beziehung zu Gott spekulieren. Wir können nur abschätzen, wie nah *wir selbst* Ihm sind. Und wenn unser allliebender Gott wirklich vollkommen und allmächtig ist, so kann er niemals böse, rachsüchtig oder zornig sein. Die Menschheit hat Ihn für Naturkatastrophen, Krankheiten und viele andere Leiden verantwortlich gemacht. Außerdem wird uns beigebracht, Ihn zu fürchten und die Liebe, die Er uns gibt, nicht zu vergelten.

Ich persönlich habe etwas gegen Leute, die der Meinung sind, Gott würde nicht alle Geschöpfe Seiner Schöpfung lieben – denn die Annahme, Er würde eine bestimmte

Rasse oder ethnische Gruppe davon ausschließen, ist einfach dumm. Die Äußerung, Gott stünde bei einem Krieg oder Völkermord, der angeblich in Seinem Namen geschieht, auf irgendjemandes Seite, ist absolut unlogisch und falsch; wir beleidigen Ihn damit, denn wir zerstören Sein Werk. Jeder, der Gott aufrichtig liebt, wird strikt gegen jede Art von Grausamkeit sein, die Menschen ihren Mitmenschen antun.

Wir müssen uns gegen die Schrecken der Welt verteidigen, indem wir unser Licht leuchten lassen und hoffen, dass diejenigen, die Greueltaten begehen, eines Tages erkennen, dass sie ihre Pläne – für sich selbst, ihre Gruppe oder ihr Land – zurückstecken *müssen,* wenn wir in dieser Welt je Frieden haben wollen. Je früher wir tolerant miteinander umgehen und uns vor okkulten Organisationen hüten, desto eher wird die Negativität verschwinden – denn ohne treue Anhänger und finanzielle Unterstützung können diese niederträchtigen, egoistischen Gesellschaften rein gar nichts bewirken.

Nachwort

Es war überaus faszinierend für mich, derart viele Informationen über geheime Organisationen, Verschwörungen und Korruption, die neue Weltordnung und verschiedene religiöse und politische Vertuschungen und Skandale zu recherchieren. Allerdings hat der Versuch, die Verbindungen zwischen den Gruppen aufzuspüren und zu sortieren, welche Behauptungen Wahrheit und welche Mythos sind, mir gelegentlich auch gewaltige Kopfschmerzen bereitet.

Ich habe ohne Zweifel in ein Wespennest gestochen, als ich beschloss, ein Buch über Geheimgesellschaften zu schreiben, denn viele Gelehrte, Forscher und Theoretiker, die sich mit diesem Thema befassen, verfolgen ihre eigenen Ziele; der katholische Gelehrte versucht, seine Religion zu verteidigen, der Fanatiker beharrt darauf, Außerirdische hätten jede Vereinigung unterwandert. Auch die Erkenntnis, dass sich in den Organisationen viele »Strippenzieher« zu befinden scheinen – sie inszenieren Kriege, beeinflussen die Ökonomie oder kontrollieren unsere natürlichen Ressourcen –, kann entmutigend auf uns wirken, denn sie vermittelt uns das Gefühl, tatsächlich ständig vom »großen Bruder« beobachtet zu werden. Obwohl diese Gruppen beteuern, sie seien ihrem Wesen nach nicht konspirativ, scheinen ihre Aktivitäten ziemlich gefährliche Auswirkungen zu haben. Nach meiner Logik jedenfalls hat es jemand, der richtig und moralisch einwandfrei handelt, nicht nötig, sich zu verstecken, oder etwa doch?

Meine Geistführerin Francine erklärt, dass wir während unserer Lebenszeit wohl noch nicht von Geheimbünden regiert werden, dass diese in der Zukunft aber tatsächlich immer mächtiger und größer werden. Ich glaube nicht, dass Unruhen oder Streitigkeiten die richtige Antwort darauf sind – vielmehr bin ich fest davon überzeugt, dass, selbst wenn es naiv klingen mag, Liebe und Spiritualität über alles Schlechte triumphieren werden. Das bedeutet nicht, dass wir über die Korruption und die Geheimniskrämerei hinwegsehen sollten, die in unserer Welt so verbreitet sind; vielmehr müssen wir durch die Finsternis hindurchgehen und unsere Hoffnung und Liebe verschenken, wo immer wir können, genauso wie Jesus.

Geld und Macht sind für viele zu neuen Göttern geworden, aber wenn wir unsere eigene Spiritualität bewahren oder sogar vergrößern, dann bleiben wir Lichtfunken, die nie zum Verlöschen gebracht werden können. Wir sollten darüber hinaus auch unsere Schwächen erkennen, denn wie die Bibel sagt: »Ein Gerechter fällt siebenmal« (Sprüche 24,16). Wenn wir uns zu sehr bemühen, nicht zu sündigen, sind wir dabei vielleicht gar nicht wir selbst. Und solange wir nicht wir selbst sind, können wir nie frei und glücklich leben und unser Licht so leuchten lassen, dass alle es sehen.

In schwierigen Zeiten bitte ich immer die Gottesmutter, denn sie ist sozusagen die eine, die in unserem Leben Wunder wirken und in dieser verrückten Welt für ein harmonisches Zusammenleben sorgen kann. Wenn Sie also wirklich in Schwierigkeiten geraten, dann richten Sie Ihr Gebet und Ihre Bitten an sie, wenn Sie wahre Hilfe suchen. (Mehr darüber in meinem Buch *Mother God*.)

Ich fürchte, dass es immer Untergrundgruppen geben wird, aber ich hoffe sehr, dass die negativen unter ihnen dank der mittlerweile verfügbaren Literatur an Kraft verlieren werden. Seien Sie wachsam, wenn Sie sich einer Organisation oder Religion anschließen, und denken Sie daran, dass die Vereinigung wahrscheinlich nicht das Richtige für Sie ist, wenn sich in Ihnen ein ungutes Gefühl einstellt. Tun Sie, was Jesus gesagt hat: Gehen Sie auf die Suche, finden Sie Ihren eigenen Tempel – denjenigen, den Gott Ihnen gegeben hat und den Sie bewohnen – und meditieren Sie darüber. Ihr Bauchgefühl wird Ihnen sagen, was richtig oder falsch für Sie ist; Sie brauchen nicht den Pfaden zu folgen, die andere vorgegeben haben, wenn sich das für Sie nicht richtig anfühlt.

Geheimgesellschaften gibt es seit Anbeginn der geschriebenen Geschichte (Francine sagt, es habe sie sogar schon vorher gegeben). Ich glaube, das liegt daran, dass die Menschheit sich spirituell, emotional und sozial stets als etwas Besonderes fühlen wollte. Schon in prähistorischen Zeiten haben wir uns gegen die Urgewalt der Elemente und gegen die wilden Tiere zusammengeschlossen.

Wir Menschen haben uns auch stets zusammengetan, wenn es darum ging, gegen Unterdrückung und Not zu kämpfen. Mein Vater zum Beispiel wuchs im nordöstlichen Viertel von Kansas City in Missouri auf. Auch schon vor der schweren Wirtschaftskrise von 1929 war dort jeder arm; daher zogen Juden, Italiener und Iren gemeinsam an einem Strang, um zu überleben. Seit jenen Tagen haben Ausgrenzung, Voreingenommenheit und Paranoia auf der Welt stark zugenommen. Das ist nicht unbedingt unsere Schuld, denn die Kriege, Terroristen, Mörder, Vergewaltiger und Kidnapper, die wir jeden Tag in den Nachrichten sehen, fördern eine Lebenseinstellung voller Resignation.

Heute schließen sich Banden als Krieger zusammen. Sie haben einen Anführer und etwas, was sie für ihr Ziel halten, auch wenn dieses nur aus der Verteidigung ihres Reviers besteht. Viele würden das als negative Grundlage für einen Zusammenschluss betrachten, aber für die Mitglieder der Gang ist es wahrscheinlich die engste Beziehung, die sie in ihrem Leben haben. Solche Banden entstehen meist in benachteiligten Stadtvierteln mit viel Armut, in denen Kriminalität, zerrüttete Familien und Alkohol- und Drogenmissbrauch gang und gäbe sind; und obwohl der gegenseitige Schutz im Vordergrund stehen mag, ist die Gruppe oft die einzige Familie, der das Mitglied angehört. Ich bin überzeugt, dass der Zerfall unserer moralischen Werte, unserer politischen Systeme und des Familien- und Gemeinschaftslebens die Hauptgründe für die um sich greifende Verbreitung von Gangs sind. Aber es gibt sie, und sie machen deutlich, dass sich Menschen zusammenschließen, weil sie überleben wollen.

Es liegt in der Natur des Menschen, nach einem Ort zu suchen, an dem er sich zugehörig und unabkömmlich fühlt. Aber entscheidend ist, dass wir auch spirituell zusammenkommen und uns gegenseitig helfen. Francine erklärte es so: »Eure Aufgabe im Leben ist es, euer Selbst zu verlieren und etwas von euch zu verschenken. Die meisten von euch, die in diese Ära hineingeboren worden sind, haben wahrscheinlich festgestellt, dass es wegen des Durcheinanders in dieser Welt schwierig geworden ist, etwas von sich wegzugeben; aber ich hoffe, dass eure Suche nach Spiritualität das Wegschenken für Euch erleichtert hat.

Vor allem in der heutigen Zeit, in der Zwietracht, Krieg und Unruhe herrschen, legt ihr vielleicht die Tendenz an den Tag, euch zurückzuziehen und zu isolieren. Wenn ihr nicht aufpasst, fördert ihr diese innere Abspaltung und baut eine Mauer um euch auf. Das bedeutet, dass vor lauter Angst eure liebevollen Eigenschaften nicht mehr herauskönnen. Damit meine ich nicht, dass ihr jeden Menschen körperlich umarmen müsst – es gibt ebenso eine spirituelle, psychische Umarmung.«

An dieser Stelle muss ich kurz unterbrechen, um anzumerken, dass natürlich auch eine körperliche Umarmung wunderschön sein kann – ich freue mich jedes Mal über alle Maßen, wenn jemand, während ich einen Stapel Bücher signiere, fragt: »Sylvia, darf ich Sie einmal umarmen?«

Aber kommen wir wieder zurück zu meiner Geistführerin: »Es ist ganz einfach; sucht euch eine große Gruppe Menschen heraus und liebt jeden Einzelnen von ihnen. Ihr könnt dabei selektiv vorgehen, denn die Liebe zu jedem anderen führt neue gute Menschen zu euch hin. Dunkle Wesen fühlen sich von bedingungsloser Liebe abgestoßen, es sei denn, sie haben Hintergedanken.«

Als jemand Francine einmal fragte, was wir in dieser hoffnungslosen, negativen Welt überhaupt tun können, antwortete sie: »Ihr solltet euch sowie den Gott in euch und den Gott außerhalb von euch in allem finden, was ihr anstrebt. Lasst euch nicht von Macht oder Mystik manipulieren und bekämpft das Negative.«

Die Regeln, die es zu befolgen gilt, sind also einfach. Hören Sie nicht auf Leute, die sich über alle anderen stellen. Achten Sie darauf, dass Regeln und Vorschriften Ihnen nicht die Freiheit nehmen, Ihre eigene göttliche Mitte zu suchen; nehmen Sie sich Ihre Freiheit und verehren und lieben Sie Gott auf Ihre Weise. Francine sagte stets, dass Sie, wenn Sie drei oder vier Leute in einem Raum versammeln, bereits ein Mini-Universum mit unterschiedlichen Erfahrungen und Ansichten hätten. Ich habe in meinen 70 Lebensjahren festgestellt, dass Menschen nicht nur das anhaltende Bedürfnis haben, irgendwo dazuzugehören, sondern auch den Wunsch, einer universellen Wahrheit zu folgen, die für alle gültig ist.

Am Ende dieses Buches möchte ich Ihnen die folgenden Worte meiner Geistführerin mit auf den Weg geben: »Wenn auch nur einer von euch hier herausgeht und anfängt, andere Lichter zu entzünden, habt ihr einen finsteren Ort hell gemacht.«

Ich wünsche jedem Einzelnen von Ihnen die Kraft und den Mut, die Welt zu erleuchten.

Gott liebe Sie, ich tue es,
Sylvia

Die ganz einfache Methode des »Hundeflüsterers«

ISBN 978-3-442-33782-8

Wenn Sie sich mit dem Gedanken tragen, einen Hund anzuschaffen, ist dieses Buch für Sie. Und ebenso, wenn Sie Ihren Hund über die Maßen lieben, ihm aber gewisse Unarten nicht abgewöhnen können. Denn der „Hundeflüsterer" zeigt Ihnen, was im Kopf eines Hundes vor sich geht und wie Sie eine gute, erfüllte Beziehung erreichen.

GOLDMANN
ARKANA

Die Botschaft der Krafttiere

ISBN 978-3-442-33775-0

80 prachtvolle Tierkarten und das Begleitbuch erlauben mit Hilfe
schamanischer Weisheit den Blick auf verborgene Realitäten.
Vergleichbar dem Tarot werden verschiedene Legesysteme beschrieben,
die Hilfe bieten bei der Analyse von Situationen, bei schwierigen
Entscheidungen und bei der Selbsterkenntnis.

GOLDMANN
ARKANA